ROTEIROS VISUAIS NO BRASIL

# ROTEIROS VISUAIS NO BRASIL
# ARTES INDÍGENAS

## ALBERTO MARTINS E GLÓRIA KOK

claroenigma

Copyright © 2014 by Alberto Martins e Glória Kok

*Grafia atualizada segundo o Acordo Ortográfico da Língua Portuguesa de 1990, que entrou em vigor no Brasil em 2009.*

capa e projeto gráfico
WARRAKLOUREIRO

foto de capa
IORE LINKE

preparação
ALEXANDRE BOIDE

composição
NATÁLIA YONAMINE

revisão
RENATA LOPES DEL NERO
VIVIANE T. MENDES
MARINA NOGUEIRA

tratamento de imagem
AMÉRICO FREIRIA

revisão dos mapas
MOISÉS J. NEGROMONTE

Dados Internacionais de Catalogação na Publicação (CIP)
(Câmara Brasileira do Livro, SP, Brasil)

> Kok, Glória
>   Roteiros visuais no Brasil : Artes indígenas / Alberto Martins e Glória Kok. — 1ª ed. — São Paulo : Claro Enigma, 2014.
>
>   ISBN 978-85-8166-109-4
>
>   1. Arte — História — Antiguidade  2. Arte pré-histórica — Brasil — História  3. Arte rupestre  4. Signos e símbolos  5. Sítios arqueológicos  I. Martins, Alberto  II. Título.

14-04074                                    CDD-709.01130981

Índice para catálogo sistemático:
1. Brasil : Patrimônio histórico-arqueológico : História  709.01130981

[2014]
Todos os direitos desta edição reservados à
EDITORA CLARO ENIGMA
Rua Bandeira Paulista, 702, cj. 71
04532-002 — São Paulo — SP
Telefone: (11) 3707-3531
www.companhiadasletras.com.br
www.blogdacompanhia.com.br

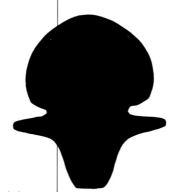

A marca FSC® é a garantia de que a madeira utilizada na fabricação do papel deste livro provém de florestas que foram gerenciadas de maneira ambientalmente correta, socialmente justa e economicamente viável, além de outras fontes de origem controlada.

Esta obra foi composta em Kievit Offc e impressa pela RR Donnelley em ofsete sobre papel Couché Matte da Suzano Papel e Celulose para a Editora Schwarcz em outubro de 2014

APRESENTAÇÃO DA COLEÇÃO 6
INTRODUÇÃO 9

## PARTE 1 — ANTES DA CHEGADA DOS EUROPEUS

A PRESENÇA HUMANA NAS AMÉRICAS 15
O DESENHO E A PINTURA RUPESTRES 21
A INCISÃO RUPESTRE 33
A CULTURA DOS SAMBAQUIS 36
AS CULTURAS AMAZÔNICAS 41
A TRADIÇÃO TUPI-GUARANI 54

## PARTE 2 — NA PRESENÇA DOS EUROPEUS

A PINTURA CORPORAL 63
A ARTE PLUMÁRIA 68
O TRANÇADO E A TECELAGEM 71
A CERÂMICA 73
O TRABALHO EM MADEIRA 75
AS MÁSCARAS 76
A ALDEIA E A MALOCA 78

CONCLUSÃO 80
OS MUSEUS INDÍGENAS 82
GRANDES COLEÇÕES ETNOGRÁFICAS 83
SOBRE OS AUTORES 84
CRÉDITO DAS IMAGENS 85
BIBLIOGRAFIA 86

# APRESENTAÇÃO DA COLEÇÃO

Ver nunca é um ato inocente.

Ver é sempre um aprendizado.

Diante de duas pessoas conversando à noite numa esquina nosso olhar rapidamente *lê* todos os sinais para decidir se se trata de um encontro entre amigos, de um namoro ou de uma briga.

Frente a um quadro, um filme, um poema, uma escultura ou um edifício acontece mais ou menos a mesma coisa. Nosso olhar *informa* a cena. Isto é: ele toma parte nela, e lê cada um de seus sinais de acordo com sua sensibilidade, seu conhecimento, seus conceitos e preconceitos.

O objetivo desta coleção é ajudá-lo a ler os sinais da obra de arte — e, ao mesmo tempo, a relacionar esses sinais às manifestações artísticas a que pertencem. Ou seja, a situá-los na História da Arte.

Como toda área do conhecimento, a arte tem muitas portas de entrada. Esta coleção foi pensada para abrir algumas dessas portas, e não fechá-las.

Aqui você não encontrará uma enciclopédia de obras e movimentos, mas sim roteiros num mapa a ser percorrido ao lado de milhares de outras pessoas — artistas, críticos, professores, estudantes, colecionadores e uma infinidade de anônimos apreciadores da arte. Todos estes, em conjunto, determinam a importância real da arte na sociedade.

Por último, vale um lembrete.

Conhecer obras de arte nas reproduções dos livros é uma grande fonte de prazer e conhecimento. Mas é em parte como namorar por fotografia ou conhecer uma cidade por cartões-postais: nada substitui a presença real do ser amado ou das ruas de uma cidade e seus habitantes.

Esta coleção só fará realmente sentido se levá-lo a travar contato direto com a obra de arte e assim ir construindo, de modo livre, independente e autodeterminado, seus próprios critérios do que constitui ou não a experiência artística.

É por essa razão que, sempre que possível, optamos por reproduzir obras que estão em acervos públicos que podem ser visitados. No final do volume, você encontrará uma relação das obras reproduzidas neste livro, bem como informes técnicos e indicações dos lugares onde podem ser encontradas.

# INTRODUÇÃO

Quando nos aproximamos de um abrigo de pedra que foi ocupado pelo homem há milhares de anos e nele encontramos registros de sua presença — como desenhos, pinturas, pedaços de ossos ou de pedra gravados —, é difícil não experimentar uma sensação de maravilha e vertigem.

É que estamos muito perto de algo que, por sua natureza, está infinitamente distante de nós. Os homens que deixaram esses registros tinham necessidades, valores e comportamentos muito diferentes dos nossos. No entanto, apesar das diferenças que nos separam, as representações que fizeram e os objetos que esculpiram nos tocam profundamente. Como isso acontece?

Ao abordar a arte das sociedades chamadas *pré-cabralinas*, que viviam no território brasileiro no período anterior à chegada dos europeus, ou mesmo aquela produzida por sociedades indígenas contemporâneas, devemos ter em mente que para elas o termo *arte*, tal como o entendemos hoje, simplesmente não existe.

O que reconhecemos como arte corresponderia, nessas sociedades, a um conjunto muito amplo de práticas que impregnam toda a sua vida ritual e também as atividades do cotidiano. Um machadinho de pedra que hoje, pela beleza de sua forma, poderia ser exibido na vitrine de um museu como um objeto artístico, pode ter servido para escavar a terra e cortar madeira, mas também como oferenda ritual, para ser enterrado junto com o morto.

**Carimbo de osso para pintura corporal no qual ainda são visíveis marcas de tinta na extremidade.**

Assim, é importante lembrar que, quando lidamos com objetos e imagens produzidos em outras sociedades, entramos em contato com outro universo de valores. Se os povos pré-cabralinos e indígenas não praticam a arte no sentido que estamos habituados a atribuir a essa palavra, isso não significa que não possuam, em alto grau, os dois fatores essenciais para a produção do objeto artístico: a *técnica*, isto é, o conhecimento para transformar a matéria de acordo com determinado intento, e a capacidade de conferir *valor simbólico* às imagens.

Neste volume, seremos apresentados a imagens e objetos criados por povos que ocuparam o território da América do Sul há milhares de anos e também por grupos indígenas que vivem no Brasil de hoje, com tradições que remontam a vários séculos e continuam se transformando.

Na primeira parte, "Antes da chegada dos europeus", vamos nos aproximar das manifestações visuais dos primeiros habitantes do nosso território — também chamados de *paleoíndios*, o que significa "anteriores aos índios". Vamos identificar suas linhagens ou tradições, bem como os diferentes meios que empregaram para registrar sua presença: a pintura e a gravura rupestres, a escultura, a cerâmica e o urbanismo.

Na segunda parte, "Na presença dos europeus", a atenção se volta para as manifestações estéticas das sociedades indígenas existentes no Brasil, iniciando com os grupos tupi-guarani que aqui se encontravam quando chegaram as caravelas portuguesas.

Ao abordar a produção estética dessas sociedades — tanto as pré-coloniais como aquelas que foram testemunhas ativas do processo de colonização —, nós o faremos sob uma dupla perspectiva: sabendo que, por um lado, seus legados encontram-se muito distante de nós; por outro, como formas de transmissão artística que se constituíram no território brasileiro, eles também são nossos contemporâneos.

## UMA QUESTÃO DE LINGUAGEM

Os termos empregados no estudo das artes e das ciências estão sujeitos a variações e correções de rota ao longo do tempo. Durante todo o século XIX e boa parte do XX, era comum historiadores, antropólogos e arqueólogos referirem-se aos povos que viveram há milhares de anos atrás como *pré-históricos* ou *primitivos*.

Hoje em dia tais denominações são consideradas inadequadas. Em primeiro lugar, porque as sociedades *ágrafas*, isto é, "sem escrita", também têm história. Em segundo, porque o termo *primitivo* implica uma escala de valores que toma como referência central a nossa própria cultura.

Desse modo, mais do que iluminar a dinâmica própria daquelas sociedades, esses termos projetam sobre elas nossos conceitos e preconceitos, tornando ainda mais difícil um conhecimento justo e equilibrado.

Neste volume, evitamos essas denominações e empregamos o termo *pré-cabralinos* ou *paleoíndios* — isto é, anterior aos índios — para designar os habitantes mais antigos do território sul-americano, oriundos das primeiras levas migratórias; e índios ou *indígenas*, para as populações nativas que os sucederam e cuja história continua em aberto nos nossos dias.

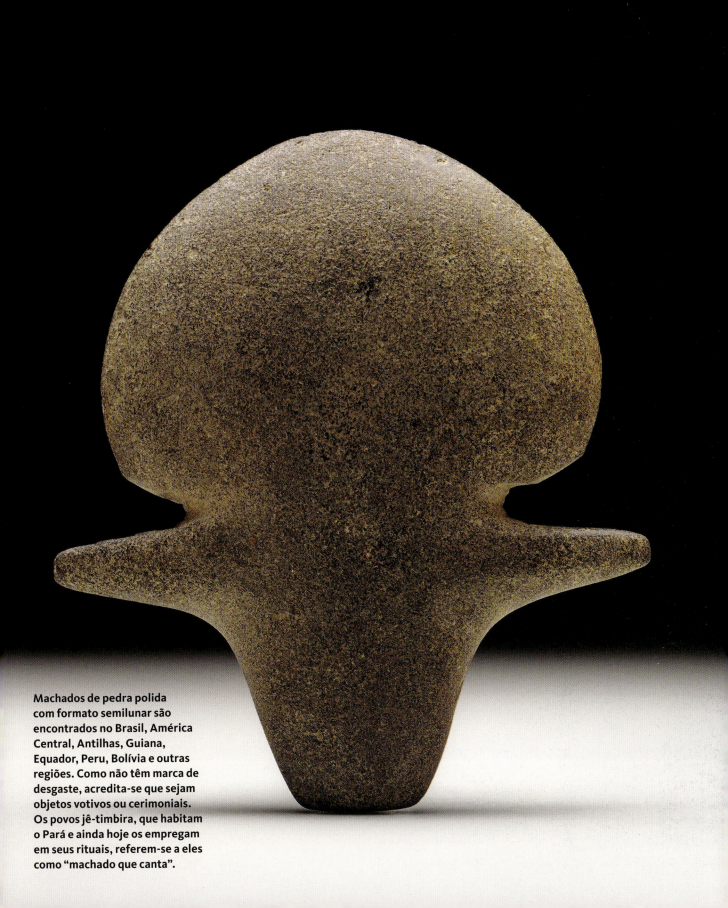

Machados de pedra polida com formato semilunar são encontrados no Brasil, América Central, Antilhas, Guiana, Equador, Peru, Bolívia e outras regiões. Como não têm marca de desgaste, acredita-se que sejam objetos votivos ou cerimoniais. Os povos jê-timbira, que habitam o Pará e ainda hoje os empregam em seus rituais, referem-se a eles como "machado que canta".

# PARTE 1
# ANTES DA CHEGADA DOS EUROPEUS

(C. 20 000 AP-C. 1500)

Sobreposição de pinturas rupestres na Toca do Baixão, Parque Nacional da Serra da Capivara, Piauí.

## O TRABALHO DO ARQUEÓLOGO

A partir de qualquer tipo de vestígio ou marca deixados numa paisagem, a arqueologia se dedica a reconstituir o modo de vida de um determinado grupo humano, que pode ter vivido tanto há algumas décadas como há milhares de anos.

Uma vez identificado um sítio arqueológico, urbano ou rural, o arqueólogo realiza escavações cuidadosas em uma área previamente delimitada. Ali, escavando o terreno milímetro por milímetro, ele coleta os indícios de vida material, que serão posteriormente analisados em laboratório e, então, interpretados.

Uma das técnicas que mais contribuiu para as pesquisas arqueológicas foi a datação por carbono 14. Como todos os seres vivos absorvem átomos de carbono 14, mas perdem gradualmente esses átomos após a morte, é possível estabelecer, pelo número de átomos de carbono encontrados em um organismo, quando ele viveu. Assim, para datar eventos do passado, a arqueologia emprega a sigla AP — "antes do presente" —, tomando como referência o ano de 1950, quando se desenvolveu a técnica do carbono 14.

## A PRESENÇA HUMANA NAS AMÉRICAS

Quem foram os primeiros habitantes do continente americano?

Como e quando chegaram até aqui?

Esse é um tema bastante controverso entre os arqueólogos. Se, por um lado, quase todos estão de acordo com relação à diversidade biológica dos primeiros povoadores, por outro, discordam quanto às rotas e datas de ocupação, que variam — segundo as interpretações — de 11 000 a 50 000 anos atrás.

Nesse quebra-cabeça formado por ossos, pontas de pedra, restos de fogueira e outros vestígios, a ocupação do que veio a se tornar o território brasileiro desempenha, como veremos a seguir, um papel dos mais importantes.

Para a arqueologia contemporânea, o *Homo sapiens* surgiu na África há aproximadamente 200 000 anos e de lá se espalhou pelo resto do planeta, em sucessivas levas migratórias.

Uma tese aceita por grande parte dos pesquisadores afirma que os primeiros homens entraram na América através do Estreito de Bering há cerca de 11 000 anos AP, isto é, 11 000 anos "antes do presente". Nessa época, o nível dos mares encontrava-se cerca de 130 metros mais baixo do que hoje, e grupos de caçadores e coletores originários da África atravessaram as terras que então uniam a Ásia à América, no extremo norte do continente.

Esses homens viviam basicamente de caça e coleta, e vieram no encalço de animais de grande porte como o mamute e o bisonte, que lhes serviam de alimento.

Outros pesquisadores trabalham com a hipótese de uma *dupla migração*: além daquela de 11 000 anos atrás, teria havido uma anterior, também pelo Estreito de Bering, entre 14 000 e 20 000 AP. Essa migração mais antiga seria composta de grupos étnicos originários da África e do sudeste asiático.

A segunda onda migratória, a de 11 000 AP, teria sido composta predominantemente de grupos que se encontravam na Ásia havia mais tempo e possuíam características que associamos aos povos mongóis. Deles descendem os índios brasileiros, cujos traços guardam semelhança com os de certas populações asiáticas.

A hipótese da *dupla migração* explicaria assim — por ondas migratórias distintas — a existência de grupos étnicos diferentes e a considerável diversidade de pontas de pedra encontradas no território sul-americano, com datas estimadas em torno de 11 000 AP.

Uma tese mais ousada, e bastante polêmica, é de autoria da arqueóloga Niède Guidon, que desde a década de 1970 conduz escavações no sítio do Boqueirão da Pedra Furada, atual Parque Nacional da Serra da Capivara, no Piauí.

Em 1992, ela anunciou que encontrara vestígios de ocupação humana que datavam de 48 000 anos atrás. Caso esses dados sejam reconfirmados e aceitos pela comunidade científica, tal descoberta seria um dos passos mais extraordinários da arqueologia contemporânea e faria recuar os primeiros sinais da ocupação humana no território americano em dezenas de milhares de anos.

Para Niède Guidon, não se pode imaginar que a América tenha sido povoada única e exclusivamente por um caminho. Ela acredita que o homem chegou ao território americano por diferentes rotas e em datas bem anteriores àquelas aceitas hoje em dia. E defende a hipótese de que grupos humanos já se encontravam na Austrália há pelo menos 50 000 anos,

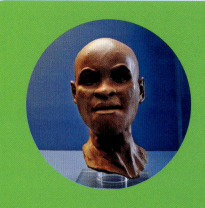

## LUZIA, A HABITANTE MAIS ANTIGA DO BRASIL

Em 1975, uma equipe de pesquisadores franceses e brasileiros, liderada pela arqueóloga Annette Laming-Emperaire, descobriu na gruta da Lapa Vermelha, em Lagoa Santa, em Minas Gerais, restos do esqueleto daquele que é considerado o habitante mais antigo do Brasil.

Trata-se do crânio de uma mulher que viveu há 11 500 anos e morreu com cerca de vinte anos de idade. Ela foi batizada pelos pesquisadores de "Luzia", numa associação com "Lucy", o esqueleto de uma ancestral de nossa espécie que viveu há 3,2 milhões de anos na África. Luzia andava em grupos de poucas dezenas de indivíduos, alimentava-se de vegetais e eventualmente de algum animal. Segundo o pesquisador Walter Neves, seu esqueleto (cujos traços foram reconstituídos virtualmente em laboratório) possui características que remetem aos nativos da África e da Austrália.

Isso reforça a teoria de que o povoamento das Américas foi feito por correntes migratórias distintas, sendo Luzia a ilustre representante da corrente migratória mais antiga.

com pleno domínio da técnica de navegação, e que teriam alcançado a América por via marítima, navegando de ilha em ilha.

Uma parte significativa da comunidade científica não concorda com as ideias de Nièquide Guidon, e a discussão permanece em aberto. Com o desenvolvimento da arqueologia e dos métodos de mapeamento genético das populações, é bem provável que os próximos anos tragam informações decisivas sobre esses e outros pontos ainda obscuros. É claro que, junto com as respostas, surgirão novas e importantes perguntas, pois é assim mesmo que se desenvolve o conhecimento: através de um processo constante de interrogação.

## LUND E O HOMEM DE LAGOA SANTA

Antes da descoberta de Luzia, as grutas de Lagoa Santa, em Minas Gerais, já haviam sido investigadas pelo naturalista Peter W. Lund (1801-1880), nascido na Dinamarca e considerado o pioneiro da paleontologia no Brasil. Entre 1834 e 1835, ele pesquisou mais de oitocentas grutas na região e recolheu milhares de fósseis.

Lund foi o primeiro a descobrir e descrever cientificamente dezenas de espécies animais que viveram há milhares de anos nas terras baixas da América do Sul — como o tatu gigante, o tigre-dentes-de-sabre, a preguiça-gigante, vários tipos de cães, lobos, cervos, chacais, porcos-do-mato e muitos outros animais.

Quando descobriu ossos humanos nas mesmas camadas em que havia restos de animais extintos, Lund concebeu a hipótese, bastante revolucionária para a época, de que o homem de Lagoa Santa era tão antigo quanto a megafauna que ele estudava.

Em *A origem das espécies* (1859), Charles Darwin menciona a "admirável coleção de ossadas recolhidas no Brasil por Lund", que hoje está exposta no Museu Zoológico da Universidade de Copenhague, na Dinamarca. Lund, entretanto, permaneceu até o fim da vida em Lagoa Santa, onde está enterrado.

No conto "O recado do morro", Guimarães Rosa (1908-1967), que nasceu em Minas Gerais, nas proximidades da Gruta de Maquiné, apresenta o personagem de um naturalista europeu que remete a Lund, assim como a outros cientistas do Velho Mundo que se embrenhavam nos sertões brasileiros para comunicar suas descobertas às Academias de Ciência europeias.

Nesta passagem, ele transporta o leitor para a atmosfera que cercava essas descobertas surpreendentes: "E nas grutas se achavam ossadas, passadas de velhice, de bichos sem estatura de regra, assombrações deles — o megatério, o tigre-dente-de-sabre, a protopantera, a monstra hiena espélea, o paleo-cão, o lobo espéleo, o urso-das-cavernas — e homenzarros duns que não há mais. Era só cavar o duro chão, de lage branca e terra vermelha e sal."

# O DESENHO E A PINTURA RUPESTRES

Se não podemos, no presente momento, decidir com toda a certeza por um ou outro modelo de povoamento das Américas, podemos pelo menos nos debruçar sobre as produções que esses povos deixaram e, por meio delas, levantar hipóteses sobre seu contexto, seus valores, seu modo de vida.

Os pesquisadores costumam identificar, nos sítios arqueológicos existentes em nosso país, vários estilos, denominados *linhagens* ou *tradições*.

Vamos destacar alguns dos mais recorrentes.

**A TRADIÇÃO NORDESTE** (*C*. 12 000 AP – *C*. 6000 AP)
Para muitos, os desenhos e inscrições mais antigos já produzidos em território brasileiro encontram-se no Parque Nacional da Serra da Capivara, na localidade de São Raimundo Nonato, no Piauí. Criado em 1979 para proteger uma das zonas arqueológicas mais ricas do planeta, o parque é sede da Fundação Museu do Homem Americano (FUMDHAM) e foi declarado Patrimônio Natural e Cultural da Humanidade pela Unesco em 1991.

O parque abriga cerca de 1300 sítios arqueológicos, mais de 700 mil objetos líticos (do grego, *lito*: pedra) — incluindo pontas de lança, raspadores, perfuradores e outros instrumentos — e uma grande concentração de pinturas e gravuras *rupestres*, isto é, "feitas sobre a rocha". Estas são encontradas, sobretudo, em paredões de arenito, na entrada de cavernas que serviam como abrigo nos períodos de caça, e calcula-se que foram realizadas por grupos de caçadores entre 12 000 e 6000 anos AP.

Examinemos de perto esta cena desenhada na Toca do Pinga do Boi, no Parque Nacional da Serra da Capivara, no Piauí, pertencente à tradição Nordeste. A primeira coisa que chama a atenção é que todos aqui estão em movimento. Nas extremidades, dois animais passam correndo da direita para a esquerda. Eles têm os cascos fendidos e parecem ser da mesma espécie, mas não são idênticos: um tem o corpo liso e comprido, enquanto o outro é mais arredondado e de pelo malhado, como sugerem as linhas riscadas do desenho.

O animal da esquerda traz uma corda em torno do pescoço — ou seria uma lança? —, enquanto o da direita tem as patas dianteiras fletidas como se tivesse sido desenhado em pleno salto.

Entre os dois animais, três figuras *antropomorfas*, isto é, "em forma humana" estão entretidas num tipo de jogo. Na parte superior da imagem, vemos que a figura da esquerda lança bolas ou argolas que a figura da direita se estica para alcançar. Na parte inferior da imagem, reconhecemos, na figura da esquerda, o órgão sexual masculino apontando para a figura da direita, de pernas lateralmente afastadas, o que sugere tratar-se de uma mulher.

No centro, uma figura menor estende a mão, seja para também agarrar a argola, seja para dependurar-se no braço da figura feminina. De passagem, notemos que o tratamento dado à sua cabeça é igual ao do resto do corpo, sugerindo que não há diferenciação entre a cabeça e o corpo, ao passo que nas figuras masculina e feminina o contorno da cabeça sugere um espaço próprio, diferenciado.

Ora, será exagero enxergar aqui um núcleo básico constituído por homem, mulher e criança, ligados por atividades diversas? Por mais distante que esteja das nossas concepções, este desenho permite imaginar que o cotidiano desses agrupamentos humanos era constituído, tal como o nosso, por vários tempos diferentes: existe o tempo da caça (que garante a subsistência) e existe também o tempo das atividades lúdicas, rituais e sexuais, que garantem a reprodução da espécie e consolidam os laços dentro da comunidade.

Na época, o clima, a flora e a fauna na região eram bastante diferentes do que são hoje. As terras eram cobertas por floresta tropical úmida, com matas de araucária e vegetação baixa em alguns lugares. Pelo estudo de fósseis encontrados em Piauí, Goiás, Bahia, Minas Gerais, Rio Grande do Sul e outros estados, sabemos que os primeiros povoadores do território brasileiro conviveram com uma *megafauna*, isto é, com animais de grande porte como a preguiça-gigante (*Catonyx cuvieri*), que podia chegar a três ou mais metros de altura; o tatu gigante (*Glyptodon clavipes*), do tamanho aproximado de um fusca e pesando cerca de uma tonelada; o mastodonte (*Haplomastodon waringi*), parente dos atuais elefantes e cujo peso chegava a 5 toneladas; e o carnívoro tigre-dentes-de-sabre (*Smilodon populator*), entre outros.

Nas pinturas da linhagem Nordeste (e também de outras tradições), as cores predominantes são o vermelho, empregado com grande variação de tonalidades, e em menor escala o amarelo, o preto, o branco e o cinza.

**Esta pintura na entrada da Toca do Pajaú, no Parque Nacional da Serra da Capivara, no Piauí, é uma das mais antigas do parque: foi datada em cerca de 12 000 anos. Ela se insere na tradição Nordeste e apresenta figuras de homens e animais em movimento, desenhadas com tinta vermelha obtida do óxido de ferro.**

Para deixar suas marcas nas paredes de pedra, esses primeiros povoadores utilizavam pigmentos de origem mineral (como o óxido de ferro, que se obtém facilmente da terra e dá origem a vários tipos de vermelho e de ocre) e vegetal (como o urucum, o jenipapo ou o carvão). Para pintar, usavam os dedos e também pincéis feitos de fibras ou de pelos. É possível que, para fazer os traços mais finos, tenham utilizado os espinhos de certos cactos.

Produzidos ao longo de aproximadamente 6000 anos, os desenhos e as pinturas da linhagem Nordeste comportam variações ao longo do tempo. Alguns pesquisadores distinguem uma primeira fase, caracterizada pelo grande número de animais em movimento e figuras humanas de pequenas dimensões, apresentadas em atividades lúdicas. Já a segunda é marcada pelo surgimento de figuras com adornos, e também por cenas de sexo coletivo. Na terceira e última fase, em que as formas se apresentam mais geometrizadas, há um aumento das cenas de violência, guerras e execuções de prisioneiros.

## UMA PALAVRA SOBRE O DESENHO

O desenho dos povos caçadores-coletores opera no contexto de uma mentalidade que poderíamos chamar de *mágica* ou *mítica*. Por isso não podemos, a rigor, falar em "representação" no sentido corrente do termo, isto é, em que uma imagem ou um sinal estão no lugar de uma outra coisa que eles *representam*.

Quando o caçador das primeiras eras desenha nas paredes de uma caverna os traços de um cervo, de um peixe ou outro animal qualquer, ele não está simplesmente retratando ou representando esse animal, mas sim tomando posse dele e de suas qualidades. Ele o está caçando num outro plano, o plano mítico. Para o pensamento mágico, o desenho não é algo que representa, mas sim uma forma de ação, uma maneira de agir diretamente sobre as forças vivas do universo.

Vale observar que os primeiros grupos humanos que ocuparam o continente sul-americano não viveram necessariamente isolados uns dos outros. Deslocando-se pelo território, chegavam a trocar objetos e informações. Nesse sentido, os cursos dos rios, sobretudo na região amazônica, foram importantes espaços de ocupação, circulação e transmissão de valores entre as populações pré-colombianas.

Assim, podemos considerar as tradições de arte rupestre encontradas no território brasileiro não como manifestações estanques, mas sim como uma rede de vasos comunicantes. A tradição Nordeste, por exemplo, tida como a mais antiga, deu origem a outras tradições e subtradições — sendo uma das mais notáveis a chamada subtradição Seridó.

**A SUBTRADIÇÃO SERIDÓ** (C. 9000 AP – C. 1000 AP)
Chama-se de subtradição Seridó ao conjunto de manifestações gráficas e pictóricas encontradas na região do Seridó, no Rio Grande do Norte, considerado uma extensão da tradição Nordeste.

Produzidas também por povos caçadores-coletores, suas imagens bastante vívidas guardam forte semelhança com as pinturas do Parque Nacional da Serra da Capivara, no Piauí. Esse aspecto permite supor que essas populações migraram de São Raimundo Nonato, local onde teria se originado a tradição Nordeste, para a região do Seridó.

Aqui, novos elementos podem ser observados: desenhos de canoas (ou pirogas) decoradas com traçados geométricos; figuras humanas pintadas e ornamentadas, carregando o que parecem ser cestas, bolsas, potes ou outros objetos. Como se pode observar nas imagens aqui reproduzidas, muitas das figuras humanas do Seridó têm como traço característico a boca aberta, em atitude exaltada, como se estivessem sempre falando em voz alta, cantando ou gritando. Isso confere a suas cabeças um formato peculiar que lembra uma castanha-de-caju.

**Ao lado, uma cena de caçada coletiva em que duas figuras humanas, portando cocares ou galhadas na cabeça, dominam um animal caído. Note-se o emprego de cestos e bastões.**

**Abaixo, duas figuras erguem ramos de uma árvore, o que pode indicar uma atividade ritual.**

Ao contrário do que ocorre na tradição Nordeste, as figuras humanas aparecem na tradição Agreste de forma isolada, sem movimento e sem sugestão de narrativa. Não há linha de contorno, os traços tendem a ser mais grossos e é comum a tinta escorrer e borrar o desenho.

Abaixo, a figura de um pássaro de asas abertas — provavelmente um gavião — que é comum nos abrigos rochosos do sudoeste de Goiás e se repete em paredes e cavernas de uma extensa área geográfica.

**A TRADIÇÃO AGRESTE** (C. 6000 AP – C. 3000 AP)
Por volta de 6000 AP, a tradição Nordeste desapareceu, dando lugar à tradição Agreste, que recebeu essa denominação por se concentrar nas regiões agrestes de Pernambuco e do sul da Paraíba, embora seja encontrada também em outros sítios nordestinos.

De modo geral, ela não apresenta cenas de grupo nem organizações narrativas. As figuras antropomórficas tendem a aparecer amplificadas em poses rígidas, ao lado de figurações de animais (tartarugas, lagartos e, eventualmente, peixes) e elementos geométricos de sentido desconhecido.

A figura de um pássaro — ou de um homem-pássaro — apresentado em posição frontal, de asas abertas, como se estivesse imóvel em pleno voo, é bastante recorrente e tida como emblemática da tradição Agreste.

**Trecho de um paredão de pedra em Serranópolis, Goiás, com figuras de lagartos e vários tipos de sinais por meio de manchas, linhas de contorno e linhas cruzadas.**

**A TRADIÇÃO PLANALTO** (*c*. 8000 AP – *c*. 4000 AP)
Mais de uma centena de sítios com pinturas e grafismos encontrados nos estados de São Paulo, Minas Gerais, Bahia e Goiás são considerados pelos arqueólogos como pertencentes à tradição Planalto. Ela se distingue pelo grande número de figuras de animais (principalmente peixes e cervídeos) traçados com uma só cor. Estes tendem a ser desproporcionais em relação às figuras humanas, que são apresentadas em situações de caça, de forma bastante esquemática e em menor dimensão.

Um dos sítios típicos dessa tradição é o de Santana do Riacho, na Serra do Cipó, em Minas Gerais, no qual foram identificadas mais de 2000 pinturas rupestres, datadas dos anos 8000 a 4000 AP.

**A TRADIÇÃO SÃO FRANCISCO** (*C.* 7000 AP – *C.* 2800 AP)
Considera-se que a linhagem São Francisco surgiu por volta de 7000 AP, no vale do rio São Francisco, e ocorre principalmente nos estados de Minas Gerais, Goiás e Bahia. Tem como características principais a ausência de figuras humanas e uma enorme profusão de padrões geométricos *policrômicos*, isto é, de mais de uma cor.

Ainda que seu sentido nos escape, uma coisa é certa: os homens responsáveis por tais desenhos tinham uma percepção bastante viva das possibilidades da linha e da cor. As linhas, por exemplo, apresentam-se de forma ritmada, muitas vezes em sequências paralelas, em pontilhado ou de maneira entrecruzada, sempre graficamente organizadas. O fato de empregarem a *linha tramada* no desenho leva a supor que também conheciam — ou estavam perto de conhecer — o trabalho de cestaria, que se faz, basicamente, pelo entrelaçamento de linhas.

Nos padrões de grande complexidade, a cor desempenha papel importante: linhas ocres ou vermelhas subdividem as figuras, delimitando campos ou áreas internas. O preenchimento dessas áreas é feito com uma cor diferente daquela empregada para as linhas de contorno.

Em sua maioria, os desenhos e pinturas da tradição São Francisco são claramente perceptíveis na paisagem, pois se localizam em lugares de grande visibilidade — alguns paredões cobertos de figuras chegam a alcançar 18 metros de altura.

Além disso, muitos deles dão mostras de terem sido retocados e repintados em diferentes épocas, o que sugere que seus valores perduraram no tempo e foram compartilhados por mais de uma geração e, muito provavelmente, por diferentes etnias.

A tradição São Francisco caracteriza-se por raras figuras de homens e animais, e grande número de composições geométricas mono ou policromáticas. Em algumas delas pode-se constatar o uso de "carimbos", evidenciados pela repetição de uma mesma marca, e de "máscaras", que impedem que uma determinada área seja atingida pela cor — tal como ocorre nos grafites de nossas cidades. Nesta imagem percebe-se a criação de padrões rítmicos por meio de linhas, pontilhados e do preenchimento de áreas de cor numa gama que vai do ocre ao marrom-avermelhado.

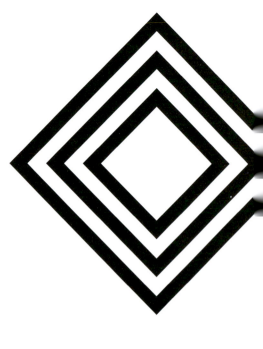

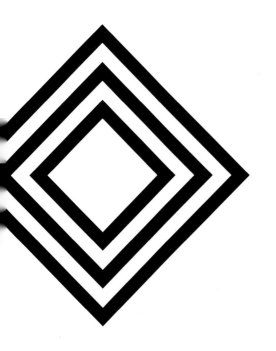

**Itaquatiaras na cachoeira da Tipiaka, no rio Caiauri-Uaupés, na Amazônia.**
A cachoeira da Tipiaka tem uma grande quantidade de petróglifos. Esta foto, de autoria do explorador alemão Koch-Grünberg (1872-1924), mostra uma superfície de rocha inclinada (com cerca de 1,5 m de altura) na qual se encontram duas máscaras gravadas na pedra. Máscaras muito similares são até hoje confeccionadas e utilizadas em danças pelos Kobeua do alto Caiauri-Uaupés.

**Abaixo à esquerda, gravuras rupestres datadas de c. 1000 a.C. em Canhemborá, Nova Palma, no Rio Grande do Sul, com pegadas de aves e mamíferos, além de símbolos sexuais masculinos e femininos.**

**Abaixo à direita, incisão feita por martelamento na rocha, mostrando figuras humanas de perfil e sinais gráficos não identificados.**

## A INCISÃO RUPESTRE

Além das pinturas e dos desenhos, que empregam a cor e a linha para formar a imagem, há uma outra modalidade de arte rupestre digna de nota no território brasileiro. Trata-se da *gravura* ou *incisão rupestre*, também denominada *petróglifo* ou *itaquatiara* (que em tupi significa "pedra pintada ou riscada"). Nessa modalidade, a imagem se constrói por meio do relevo, através de sulcos ou incisões gravados diretamente na pedra, com o emprego de instrumentos como pontas, facas, "martelos" (para o picoteamento), raspadores e outros, usados frequentemente em conjunto.

A incisão rupestre pode também conter ou não elementos de cor.

No paredão da gruta de Canhemborá, no Rio Grande do Sul, por exemplo, há petróglifos gravados em duas técnicas: por picoteamento, que cria depressões contínuas e alinhadas; e pela raspagem, que forma sulcos com bordas ondulantes e irregulares. Além disso, alguns sulcos apresentam restos de pigmentos com predomínio das cores preta e verde e, em menor escala, de branco, marrom e roxo.

As gravuras, ou itaquatiaras, são encontradas no território brasileiro da Amazônia ao Rio Grande do Sul, porém é difícil relacioná-las a um agrupamento humano específico. A maior e mais impressionante de todas elas é a Pedra do Ingá, situada à beira do riacho do Ingá do Bacamarte, na Paraíba — um extenso bloco de gnaisse de 24 metros de comprimento e 3 metros de altura, inteiramente coberto por incisões.

Embora apresente alguma semelhança com os grafismos da região do Seridó, como conjunto, técnica, organização e aproveitamento do espaço, a Pedra do Ingá permanece

uma manifestação única, de difícil interpretação. Para alguns, suas figuras e seus sinais estão relacionados ao culto das águas; para outros, à observação dos ciclos astronômicos.

Cientes de que não chegaremos nunca à compreensão definitiva do sentido original dessas incisões, podemos imaginar que os sinais gravados na pedra constituem uma espécie de alfabeto em estado embrionário e expressam, à sua maneira, matrizes de pensamento, isto é, formas de apreender e organizar o universo sensível na linguagem simbólica dos povos caçadores.

**A maior gravura rupestre do Brasil, com cerca de 24 m de extensão, a Pedra do Ingá apresenta uma enorme face coberta por pontos e linhas em baixo relevo. Estes foram realizados, muito provavelmente, por abrasão, isto é, atritando repetidamente materiais duros e abrasivos sobre a rocha.**

**Logo abaixo**
As itaquatiaras da Pedra das Arraias foram gravadas no topo de um bloco de granito de 4 m de altura. Entre temas antropomorfos, zoomorfos e grafismos vários, a figuração das arraias é a mais frequente.

Exemplo de oficina lítica: pedra que traz marcas repetidas de raspagem, produzidas durante a confecção de uma ferramenta.

### OFICINA LÍTICA

Em vários pontos do território brasileiro encontram-se oficinas líticas: locais onde eram confeccionados artefatos de pedra, osso, chifre ou concha, que serviam como armas ou ferramentas. As principais rochas utilizadas como matéria-prima para esses artefatos eram o sílex, a calcedônia, o arenito silicificado, o granito, o calcário e vários tipos de quartzo.

Um mesmo instrumento podia servir para cortar, talhar, moer, alisar, pressionar, raspar e também furar. Os batedores, por exemplo, eram empregados tanto para quebrar cascas fibrosas como para esmagar sementes ou triturar ossos para o aproveitamento do tutano.

A ampla variedade de formas, técnicas, estilos e funções desses instrumentos é um indício certeiro da apurada capacidade tecnológica dos povos pré-colombianos.

Acima, serrinha que cabe na mão. Encontrada no complexo Tapajós-Trombetas, em Santarém, no Pará, ela mede 3,8 cm.

## A CULTURA DOS SAMBAQUIS (*C.*10 000 AP – *C.*1000 AP)

Um dos traços mais fascinantes da presença humana no continente sul-americano são os *sambaquis*, termo que em tupi significa "depósito ou amontoado (*ki*) de conchas (*tamba*)".

Eles são encontrados ao longo da costa brasileira, do Rio Grande do Sul ao Espírito Santo, na Bahia, no Maranhão e no Pará, e também no interior do país, nas proximidades de rios como o Xingu, o Guaporé e o Amazonas, onde são caracterizados como *sambaquis fluviais*.

Os sambaquis são percebidos na paisagem como pequenos morros ou elevações que costumam variar de um a trinta metros de altura. São formados pelo acúmulo de cascas de conchas, ostras, mariscos e berbigões, que constituíam o principal alimento dos grupos costeiros e ribeirinhos. Eventualmente podem conter também ossos de peixes e mamíferos, que completavam a dieta desses grupos.

Considerados a primeira intervenção humana no litoral brasileiro, os sambaquis concentravam pelo menos três aspectos da vida comunitária: além de local de acumulação dos restos de comida, eram também espaço de moradia e lugar de sepultamento dos mortos.

Em razão de suas grandes dimensões, muitos sambaquis podiam ser visualizados à distância. Por isso, acredita-se que eles tenham constituído também uma forma de sinalização entre os grupos costeiros, que eram exímios navegadores e viviam de pesca, caça e coleta.

Escavações realizadas em Santa Catarina, estado que concentra o maior número de sambaquis da costa brasileira, revelaram um número surpreendente de artefatos e pequenas esculturas de pedra, concha, ossos ou dentes, realizados com grande habilidade técnica e soluções estéticas bastante refinadas.

Zoólitos são pedras talhadas em forma de animais.

Ao lado, um pássaro que parece deslizar no ar ou na água dá mostras do grande refinamento das esculturas dos sambaquis.

Abaixo, um escultor captou com sensibilidade o acasalamento de dois pássaros.

Bastante rara, a estatueta antropomorfa ao lado combina cheios e vazios, e traz uma bela e sintética figuração da face humana.

Abaixo, o zoólito de um peixe se destaca tanto pela forma (que lembra um prato) como pelos detalhes anatômicos precisos de cauda, boca e nadadeiras.

Arqueólogos arriscam que as concavidades na área central dessas peças podiam servir para o preparo de ingredientes ingeridos em ritos e cerimônias.

Para a fabricação desses artefatos, eram utilizados espinhas de peixes, esporões de raias, ossos de aves e de mamíferos, conchas resistentes, fibras e instrumentos de pedra para lascar, polir, cortar ou raspar. A técnica do polimento era, como se vê pelas peças que chegaram até nossos dias, uma das especialidades dos sambaquieiros.

Estima-se que os primeiros sambaquis tenham surgido por volta de 10 000 AP e os derradeiros, cerca de 1200 anos atrás. Boa parte deles foi ocupada de modo contínuo por mais de cem anos. Alguns sítios — como o sambaqui Jabuticabeira II, em Jaguaruna, em Santa Catarina — chegaram a ser habitados de forma ininterrupta por mais de mil anos!

No início do século XXI foi encontrado no sambaqui fluvial de Capelinha, no Vale do Ribeira, no sul do estado de São Paulo, um esqueleto cuja datação em laboratório indicou o ano 10 000 AP. Conforme análise morfológica, ele possui traços semelhantes aos de Luzia, sua "parente próxima" de Lagoa Santa, em Minas Gerais.

O parentesco entre Luzia e "o homem de Capelinha" — batizado de Luzio — provaria um nexo importantíssimo entre as populações que ocuparam o Planalto Central do Brasil e, posteriormente, o litoral, sendo ambas oriundas do mesmo grupo genético que teria migrado para o continente americano entre 14 000 e 20 000 AP.

A cultura sambaquieira desapareceu por volta do ano 1000 AP. A hipótese mais plausível é que ela tenha sido destruída — e, talvez, em parte absorvida — pelos Tupi-Guarani, que vieram do norte, de regiões próximas ao atual estado de Rondônia, e aqui se encontravam na ocasião da chegada dos europeus, no século XVI.

Ao longo da história do Brasil, um número muito grande de sambaquis foi destruído. Além de reforçarem as paredes de diversos edifícios coloniais, suas conchas foram empregadas até o século XX na fabricação de cal e na construção de aterros e estradas. Foi somente em 1961, com a Lei Federal nº 3924, que passou a ser terminantemente proibida a destruição ou mutilação dos sambaquis para qualquer fim, infração considerada crime contra o patrimônio nacional.

**Conhecida como "Ídolo de Iguape", a escultura, cuja idade se estima em 2500 anos, foi encontrada em 1906 nas proximidades do sambaqui do Morro Grande, sul do estado de São Paulo.**

Encontrada na região de Santarém, no Pará, esta figura masculina sentada traz adornos nas orelhas e na cabeça, indícios de posição de destaque em uma sociedade hierarquizada.

Carimbo para pintura corporal encontrado no sambaqui fluvial de Ponta de Jauari, próximo à cidade de Alenquer, no Pará.

## AS CULTURAS AMAZÔNICAS

**A OCUPAÇÃO DA REGIÃO AMAZÔNICA** (14 000 AP)
Durante milênios antes da chegada dos primeiros europeus no início do século XVI, a região da bacia Amazônica foi densamente povoada. Alguns estudiosos falam em mais de 5 milhões de pessoas e, à medida que avançam as pesquisas arqueológicas na região, esse número tende a aumentar.

Tal população estava organizada em sociedades bastante distintas, com línguas diversas, que formaram ao longo de séculos extensas redes de caminhos fluviais e terrestres, possibilitando o intercâmbio entre largas áreas do território americano. Nesse contexto, sociedades sedentárias altamente hierarquizadas — algumas delas já com conhecimentos de agricultura e da criação de animais — coexistiam com pequenos grupos nômades de caçadores-coletores.

Por volta do ano 1000 AP, algumas sociedades amazônicas sofreram mudanças profundas em sua estrutura política e econômica, dando origem aos *cacicados*: vastos territórios dominados por um chefe, ou cacique, que estendia seu poder sobre milhares de pessoas. Estas viviam em grandes centros que se destacavam, entre outras coisas, por uma produção de cerâmica bastante elaborada, destinada tanto a fins rituais como utilitários, e que podia tornar-se objeto de troca.

**A PRESENÇA DA CERÂMICA**

Apesar da associação recorrente do aparecimento da cerâmica com o desenvolvimento da agricultura, pesquisas arqueológicas recentes indicam que seu uso na Amazônia é anterior ao estabelecimento de atividades agrícolas. As cerâmicas mais antigas encontradas até o momento foram descobertas na caverna da Pedra Pintada, em Monte Alegre, no Pará, e em sambaquis fluviais e litorâneos datados de aproximadamente 6000 AP.

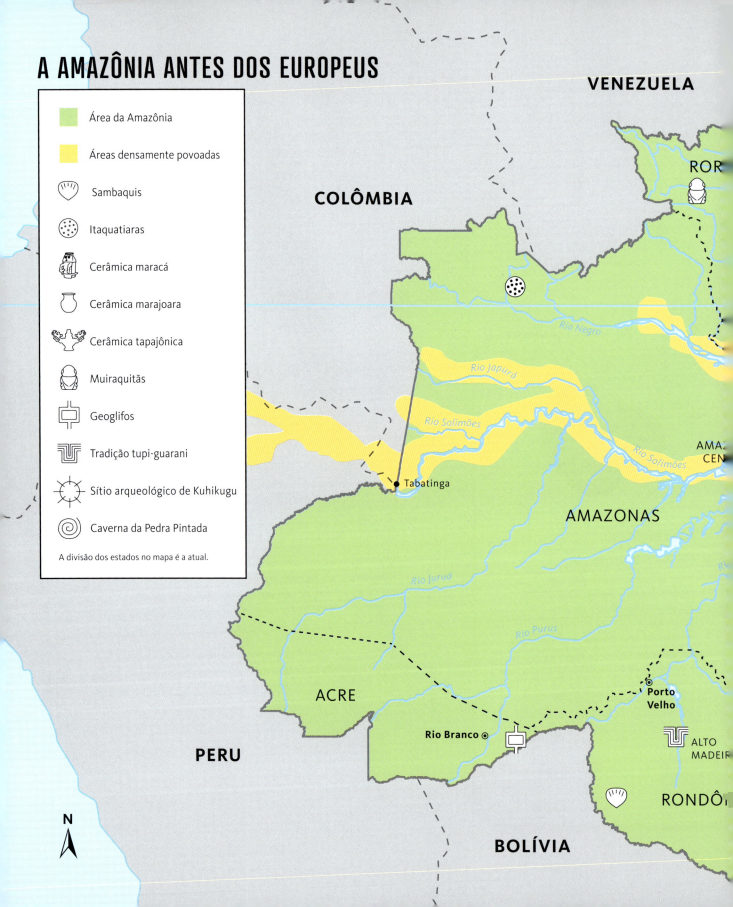

**A CULTURA TAPAJÔNICA** (*c.* 900 – *c.* 1600)
A região da atual cidade de Santarém, na beira do rio Tapajós, no Pará, foi, desde o primeiro milênio até o período da conquista, um dos maiores centros de produção de cerâmica da América.

    A cerâmica tapajônica, produzida para fins predominantemente cerimoniais, alcançou padrões de alta complexidade formal, como os "vasos cariátides", decorados com figuras femininas e motivos zoomorfos, e os "vasos de gargalo", cuja decoração é composta de motivos zoomorfos e antropomorfos.

A escultura acima, de uma mulher sentada com vasilhame sobre os joelhos, traz vestígios de pintura nas pernas, em torno do pescoço e nas orelhas — o que, provavelmente, reflete um padrão decorativo local. Os braços em movimento são recorrentes nas figuras da cerâmica tapajônica.

Na página ao lado, vasos com arranjos elaborados, que dão forma plástica às narrativas míticas locais. A cerâmica do Tapajós extrapolou suas funções utilitárias e tornou-se um veículo ritual de enorme importância para as culturas da região.

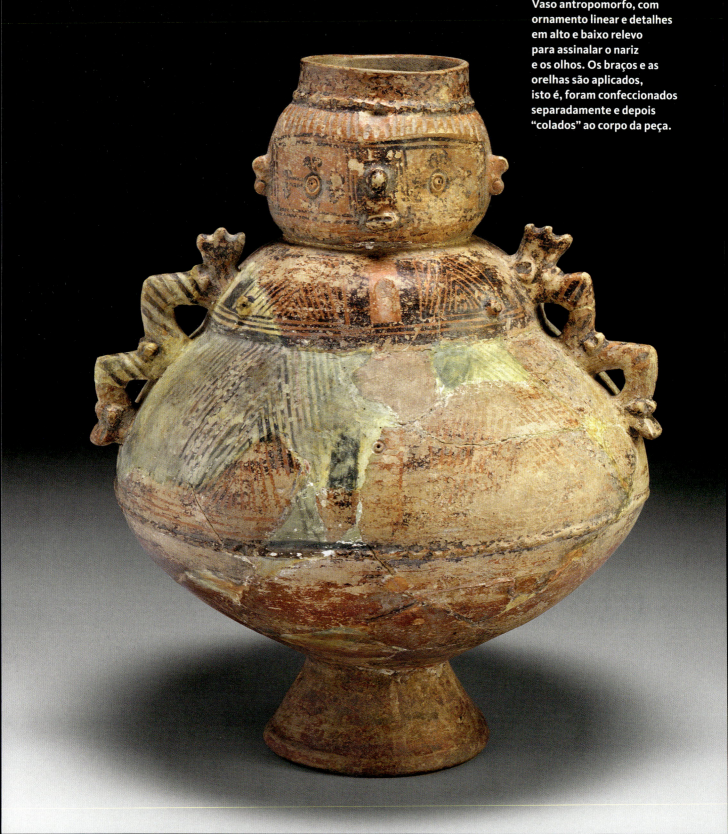

Vaso antropomorfo, com ornamento linear e detalhes em alto e baixo relevo para assinalar o nariz e os olhos. Os braços e as orelhas são aplicados, isto é, foram confeccionados separadamente e depois "colados" ao corpo da peça.

No mesmo período, na foz do rio Trombetas, próximo à atual cidade de Oriximiná, havia um centro de produção de esculturas de pedra polida, com figuras humanas e animais, e de muiraquitãs.

Como os muiraquitãs foram encontrados também ao norte de Manaus, no Orinoco, nas Guianas e em ilhas do Caribe, arqueólogos estimam que, no início do ano 1000 de nossa era, as populações amazônicas estavam integradas em redes de troca de artefatos, informações e alianças de guerra, que possibilitavam o intercâmbio entre culturas bastante afastadas umas das outras.

## O MUIRAQUITÃ DE MACUNAÍMA

Na obra mais famosa do Modernismo brasileiro, *Macunaíma: o herói sem nenhum caráter* (1928), do escritor Mário de Andrade (1883-1947), o fio condutor é a busca pelo muiraquitã. Presente de sua mulher, Ci, a Mãe do Mato, Macunaíma perde o amuleto, que, depois de engolido por um tracajá (uma tartaruga de rio), acabou nas mãos do gigante Venceslau Pietro Pietra. Da Amazônia à cidade de São Paulo, "nosso herói", ao lado de seus dois irmãos, realiza um verdadeiro périplo para recuperar a pedra perdida. O motivo central das aventuras de *Macunaíma* foi inspirado a Mário de Andrade pela leitura dos mitos Taulipang e Arecuná recolhidos pelo explorador alemão Theodor Koch-Grünberg (1872-1924) em Roraima.

Coletada nas margens do rio Paru, no Pará, esta escultura em jadeíta figura um jaguar com a boca aberta prestes a devorar um jabuti. É oriunda, provavelmente, da cultura tapajós-trombetas.

**A CULTURA MARAJOARA** (*c.* 300 – *c.* 1400)

Na ilha de Marajó, no Pará, grandes aterros formados basicamente por areia e argila, conhecidos como *tesos marajoaras*, sugerem a existência de uma elevada concentração populacional entre os séculos IV e XV de nossa era.

Situados em planícies inundáveis, os *tesos* têm dimensões variadas, possuindo os menores cerca de cinco ou seis metros de altura, enquanto os maiores alcançam vinte metros e se estendem por áreas de até noventa hectares. Não se conhece ao certo sua finalidade, mas é provável que fossem um modo de defesa contra as cheias da região, além de local de moradia e sepultamento dos mortos.

Centro de domesticação de plantas e de cultivo do milho e da mandioca, a ilha de Marajó, com sua fauna bastante diversificada (peixes, tartarugas, jacarés, várias espécies de aves e animais, incluindo o peixe-boi, bastante apreciado por sua carne), foi também um centro ativo na produção de cerâmica.

Produzida exclusivamente por mulheres, a cerâmica marajoara se caracteriza pela decoração pintada em vermelho, laranja ou preto sobre um fundo branco, decorado com apliques e incisões.

Utilizada para fins rituais, há indícios de que essa cerâmica, que expressava mitos e crenças do universo marajoara, surgiu e se desenvolveu na própria ilha, desaparecendo por razões desconhecidas por volta de 1400.

Urnas funerárias simples ou muito refinadas foram produzidas em diversas regiões da América do Sul. Esta urna de cerâmica encontrada em Monte Carmelo, na ilha de Marajó, apresenta um padrão gráfico quase hipnótico, formado pela interação de linhas pretas, brancas e vermelhas, em que não se distingue à primeira vista a figura humana estilizada.

**A CULTURA MARACÁ** (*c.* 500 – *c.* 1600)
No atual estado do Amapá desenvolveram-se, por volta do ano 1000, estilos distintos de cerâmica, entre os quais se destacam as urnas funerárias cilíndricas zoomorfas e antropomorfas da cultura maracá. Estas apresentam com frequência indivíduos sentados em bancos com as mãos apoiadas sobre os joelhos, uma posição que pode ser tanto um sinal de prestígio e poder como uma forma de comunicação com o mundo sobrenatural.

Depositadas geralmente no interior das cavernas, urnas funerárias como esta ao lado, com figura humana bastante estilizada, ainda hoje são usadas por grupos indígenas da Guiana, região fronteiriça ao Amapá, local de origem desta peça.

No Acre foram registrados cerca de 110 sítios com ocorrência de geoglifos, contabilizando aproximadamente 138 configurações distintas, distribuídas numa área de 270 km².

**GEOGLIFOS DO ACRE** (C. 2000 AP – C. 800 AP)

Embora não sejam tão conhecidos nem tão espetaculares como os geoglifos do deserto de Nazca, no Peru, a região amazônica também conta com geoglifos, figuras de extensão variada desenhadas na terra seja pelo acúmulo, seja pela retirada de material do solo.

No final da década de 1970, foi descoberto na região do vale do Acre, entre os rios Acre, Iquiri e Abunã, um grande número de geoglifos formando quadrados, círculos, espirais, octógonos, hexágonos e outras figuras geométricas.

Sua função ainda é desconhecida, mas a hipótese mais plausível é a de que constituíssem centros cerimoniais construídos entre 2000 AP e 800 AP. Nas suas proximidades, foram encontrados vestígios de sepultamentos e de vasos de um tipo característico, denominado "vaso-careta", por ter um rosto desenhado.

**O URBANISMO DO ALTO XINGU** (*c.* 1000 – *c.* 1600)

A região do Alto Xingu, parte dela protegida pelo Parque Nacional do Xingu, abrigou no passado um complexo sistema de aldeias interligadas por uma rede de estradas, que gerou o que os pesquisadores designam como urbanismo alto xinguano.

Segundo os arqueólogos, os primeiros colonizadores foram os Arawak, que chegaram à região por volta dos anos 800-900 da nossa era. Sedentários, tinham conhecimentos de agricultura (sobretudo do cultivo da mandioca) e da exploração dos recursos aquáticos; possuíam hierarquia social centralizada, estratégias militares de defesa e promoveram alianças com outros povos.

Eles estabeleceram um padrão de ocupação baseado em grandes aldeias circulares, com espaços centrais como praça, articuladas por uma série de caminhos, acampamentos e portos fluviais. Esse padrão serviu de modelo para os demais grupos que migraram posteriormente para a região, como os Karib e os Tupi.

A descoberta de extensas valas, aterros e barreiras defensivas, dentro e fora das aldeias, dá a entender que por volta de 1400 ocorreram modificações significativas nas alianças regionais, denunciando um estado de guerra e conflitos.

Acredita-se que esses povos desapareceram antes mesmo de entrar em contato direto com os primeiros europeus, atingidos, provavelmente, por doenças e epidemias. Entre 1993 e 1995, foram descobertos vestígios de suas construções, como o sítio arqueológico de Kuhikugu, encontrado pelo arqueólogo Michael Heckenberger com auxílio dos índios kuikuro, que pode ter abrigado até 50 mil pessoas.

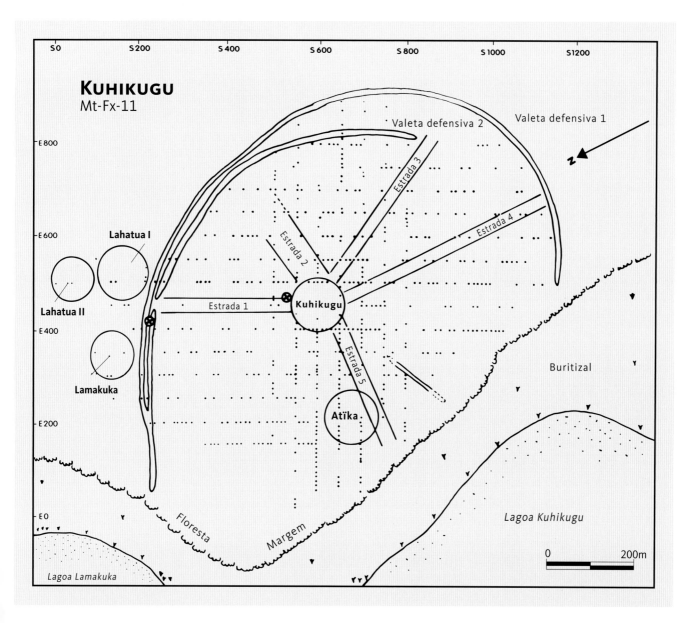

**Mapa do sítio arqueológico de Kuhikugu**, com a localização das aldeias kuikuro indicada por círculos. Os pontos sinalizam os lugares onde foram recolhidas amostras para análise arqueológica. Trata-se da maior concentração populacional já descoberta na região do Xingu, na Amazônia pré-colombiana. Kuhikugu servia como eixo central de uma rede de aldeias menores.

## A TRADIÇÃO TUPI-GUARANI (c. 500 – c. 1500)

No período anterior à chegada dos europeus no século XVI, as terras do litoral brasileiro estavam ocupadas por povos falantes das línguas da família tupi-guarani, que ali chegaram por volta do ano 500 de nossa era, vindos de uma região comum, próxima a Rondônia, na Amazônia.

Os Tupi espalharam-se, *grosso modo*, do Rio Grande do Norte até a foz do rio Ribeira de Iguape, no sul do estado de São Paulo. Já os falantes da língua guarani ocuparam da foz do Ribeira até o sul da Lagoa dos Patos, bem como o interior de Paraná, Santa Catarina, Rio Grande do Sul e Paraguai.

Apesar de suas diferenças regionais, esses grupos apresentavam uma notável homogeneidade cultural, construindo aldeias de forma oval ou circular, e sobrevivendo da caça, da pesca e de suas roças.

Além de pontas de flecha, machados, cachimbos e diversos tipos de adorno, esses povos deixaram também como herança de sua arte pré-cabralina uma cerâmica característica, utilizada, entre outras coisas, como urnas para o sepultamento dos mortos.

**Dois exemplos da cerâmica tupi-guarani.** Ao lado, vasilha corrugada, isto é, em que a superfície do barro se apresenta intencionalmente enrugada, expondo marcas de dedo, unha ou outro instrumento. Abaixo, urna funerária decorada com padrão de linhas que lembra, na parte superior, uma trama de cestaria.

A tradição cerâmica tupi-guarani empregava a técnica dos cordões ou roletes de barro, que se difundiu amplamente pelo território brasileiro.

Primeiro, rola-se um pedaço de barro na palma da mão para que ele fique delgado e comprido como uma cobrinha. A isso chamamos cordão ou rolete. Em seguida, juntam-se os cordões de argila uns sobre os outros com a pressão dos dedos, construindo-se assim uma "parede" de barro.

Quando a argila ainda está mole e bem maleável, utilizam-se conchas, cuias, facas ou colheres para alisar sua superfície. Para o polimento posterior, com o barro mais duro, costumam ser usados seixos, cocos, frutos, sementes ou conchas. Pode haver ainda uma etapa intermediária, antes do polimento, em que as peças são lixadas com as folhas de determinadas árvores. Após o polimento, a peça é levada ao fogo.

# PARTE 2
# NA PRESENÇA DOS EUROPEUS

Quando Cristóvão Colombo chegou à América em 1492, acreditando ter alcançado as Índias, chamou de "índios" os nativos que aqui encontrou. Desde então, os europeus passaram a designar com esse termo genérico todas as populações nativas do continente americano.

Vale observar que os povos nativos não se reconhecem nessa denominação, e têm seus próprios nomes para se autodefinirem.

Nos séculos XVI e XVII, o processo de conquista das terras baixas da América do Sul empreendido pelos europeus alterou profundamente as sociedades que aí se encontravam há vários séculos.

Além dos Tupi-Guarani, havia outras três grandes famílias linguísticas: os Jê, que ocupavam o Planalto Central, entre o Maranhão e o Alto Paraguai; os Arawak, que viviam às margens do rio Negro e do rio Orinoco, ao longo do médio Amazonas e nas cabeceiras do rio Madeira; e os Karib, que viviam no norte do Pará, no Amapá, em Roraima e no curso do rio Xingu.

Apesar da dificuldade de contabilizar as populações indígenas por ocasião da chegada dos europeus, estima-se que existiam, no atual território brasileiro, mais de mil povos indígenas. O contato com o branco acarretou uma diminuição drástica da população nativa, vitimada por epidemias de varíola, de gripe e de sarampo, doenças contra as quais os índios não tinham resistência.

As violentas guerras de conquista e a escravização dos povos indígenas para o trabalho compulsório nas minas e nas fazendas também contribuíram para que muitos grupos fossem exterminados, enquanto outros fugiram do litoral para o sertão ou para as florestas mais afastadas a fim de garantir sua sobrevivência. Na região amazônica, em praticamente dois séculos (XVI e XVII) desapareceram os grandes cacicados, que foram substituídos por aglomerações indígenas dispersas.

Apesar de a história do Brasil ter sido "construída sobre cemitérios indígenas" — para usar a expressão do líder indígena Ailton Krenak —, muitos grupos conseguiram reinventar suas

**Dois índios jurupixuna, portando máscaras de entrecasca, representados em aquarela de Joaquim José Codina, um dos integrantes da expedição à Amazônia feita pelo naturalista português Alexandre Rodrigues Ferreira (1756-1815), entre 1783 e 1792.**

tradições e suas identidades mesmo em condições adversas, no contato com a sociedade dos homens brancos.

Com o Artigo 231 da Constituição Federal de 1988, os povos indígenas que habitam o território brasileiro tiveram reconhecidos "sua organização social, costumes, línguas, crenças e tradições, e os direitos originários sobre as terras que tradicionalmente ocupam", cabendo à União o papel de "demarcá-las, proteger e fazer respeitar todos os seus bens".

Como resultado, a população indígena brasileira voltou a crescer. O Censo do IBGE de 2010 indicou a existência de mais de 230 povos indígenas, reunindo 817 963 pessoas, das quais 315 180 vivem em cidades e 502 783 em áreas rurais.

Esse foi um passo importante para que muitos grupos assumissem suas identidades indígenas, recombinando e recriando sua memória comunitária, suas tradições culturais e expressões artísticas, que podem se manifestar pelos mais diferentes meios e linguagens: a pintura corporal; a arte plumária; a música; o canto e a dança; a cerâmica; o trabalho em madeira; os artefatos trançados; a arquitetura das casas, entre outras.

Mas que papel têm essas manifestações nas sociedades indígenas?

Ao contrário do que acontece nas sociedades ocidentais, em que a arte se tornou um campo específico de conhecimento, distinto da religião, da política, da ciência e do mundo dos objetos utilitários, nas sociedades indígenas as artes estão profundamente associadas ao universo simbólico mágico-religioso que constitui, no fundo, o alicerce vital dessas comunidades.

Portanto, antes de serem a expressão de um indivíduo criativo, as artes ameríndias — isto é, as artes dos grupos indígenas da América — são a expressão da memória coletiva de um determinado grupo.

Agora veremos algumas das principais manifestações de grupos indígenas presentes no território brasileiro e que são nossos contemporâneos.

**Os rituais de iniciação assinalam fases importantes tanto na vida da pessoa como do grupo. Aqui um momento do ritual de iniciação masculina entre os Kayapó-Xikrin, do rio Cateté, no Pará, no qual, entre outros adornos, penugens de pássaros são coladas ao corpo por meio de resina vegetal.**

# PRINCIPAIS ETNIAS CITADAS

| | | | |
|---|---|---|---|
| 1 | Arinos | 23 | Munduruku |
| 2 | Ashaninca | 24 | Nauquá |
| 3 | Asurini | 25 | Palikur |
| 4 | Bakairi | 26 | Suyá |
| 5 | Bororo | 27 | Tapajós |
| 6 | Botocudos | 28 | Tapirapé |
| 7 | Canela-Timbira | 29 | Terena |
| 8 | Caripuna | 30 | Ticuna |
| 9 | Galibi | 31 | Trumai |
| 10 | Guaná | 32 | Tukano |
| 11 | Guarani | 33 | Tupinambá |
| 12 | Javaé | 34 | Tupiniquim |
| 13 | Kadiwéu | 35 | Txikão |
| 14 | Karajá | 36 | Urubu-Kaapor |
| 15 | Katukina | 37 | Wajãpi |
| 16 | Kaxinawa | 38 | Waurá |
| 17 | Kayapó | 39 | Wayana |
| 18 | Krahô-Timbira | 40 | Xavante |
| 19 | Krenak | 41 | Xerente |
| 20 | Kuikuro | 42 | Xikrin |
| 21 | Macuxi | 43 | Yanomami |
| 22 | Mehinako | | |

## O TRABALHO DO ANTROPÓLOGO

A antropologia estuda as sociedades humanas, sob todos os aspectos, em todas as épocas e lugares, abordando o ser humano em suas múltiplas dimensões, isto é, como ser biológico, social e cultural. Para entender as diferentes culturas, os antropólogos têm empregado vários métodos. O mais conhecido é o trabalho de campo em que o pesquisador se desloca para outra cultura a fim de coletar dados a partir da observação direta. Mais tarde, faz a análise e a síntese dos dados, cuja interpretação, sempre numa via de mão dupla, ilumina tanto as práticas simbólicas e materiais da cultura estudada como da própria cultura de origem do antropólogo.

## A PINTURA CORPORAL

Para os índios, o corpo constitui uma instância fundamental e determina não só a visão de mundo, mas também o lugar que cada ser vivo ocupa no universo. Para eles — explica o antropólogo Eduardo Viveiros de Castro —, o modo como os seres humanos veem os animais, por exemplo, é profundamente diferente do modo como estes veem os humanos e também a si mesmos.

Dentro dessa concepção de mundo, em que as identidades não são fixas, mas variam conforme a perspectiva em que são consideradas, a pintura corporal adquire enorme importância. Ao marcar um corpo, ela lhe confere um lugar no grupo social e o coloca em relação com forças naturais e sobrenaturais.

As pinturas corporais têm múltiplos sentidos. Elas podem estar relacionadas a ritos de passagem ou de proteção do clã ou do indivíduo; a cerimônias de reclusão, de casamento, de luto ou de cura de doenças ou, ainda, à função guerreira ou religiosa.

Pela pintura, é possível conhecer a idade, o gênero, o clã e o grau de integração de uma pessoa na comunidade. Por exemplo, os Krahô, que habitam atualmente o estado do Tocantins, pintam-se com listras verticais ou horizontais conforme o lugar que ocupam no grupo social.

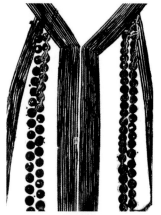

**Padrões de pintura corporal que, aos nossos olhos, parecem abstratos podem estar fundamentalmente vinculados à vida e às narrativas míticas de cada grupo.**

**Acima e ao lado, motivos empregados em pinturas corporais pelos Kayapó-Xikrin, do Cateté, fotografados pela pesquisadora Lux Vidal.**

Os pigmentos utilizados são preferencialmente o vermelho, extraído do urucum, e o azul-escuro, quase negro, obtido do jenipapo. As sementes de urucum são fervidas em água até que formem uma pasta endurecida, que é guardada na forma de bastões. Ao ser aplicado, o urucum é combinado com outra substância de natureza oleosa (que pode ser o suco do babaçu ou de outra fruta), que faz as vezes de *aglutinante* ou *veículo*. Da soma de *pigmento* e *aglutinante* obtém-se a tinta.

A tintura de jenipapo, quando aplicada no corpo, é completamente transparente, mas adquire uma tonalidade escura com o passar do tempo. Além do urucum e do jenipapo, costuma-se fazer uso também do pó de carvão para o pigmento preto, e do calcário, que se encontra na terra, para obter a cor branca.

As tintas obtidas são aplicadas de várias maneiras: com as mãos, os dedos, pontas de palha, riscadores de madeira, chumaços de algodão, pincéis variados e até carimbos, geralmente feitos com o coco da palmeira babaçu.

Com exceção dos ritos de preparação para a guerra, quando então é feita pelos homens, a pintura corporal é uma atividade eminentemente feminina. Entre os Kayapó, do grupo linguístico jê, do sudeste do Pará, a aprendizagem tem início com o nascimento do primeiro filho. Pintar o corpo da criança é parte de um processo de socialização.

 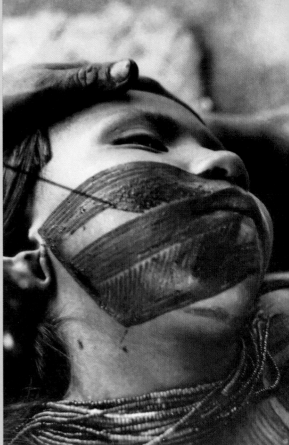

**Dois momentos da pintura facial de uma criança entre os Kayapó-Xikrin.**

As mães passam horas pintando, aprendendo, explorando e inventando diferentes padrões visuais. Já a pintura dos adultos tende a seguir padrões mais rígidos, adequados ao conjunto das regras sociais, com um número menor de motivos e composições.

Se entre os Kayapó-Xikrin a pintura facial é feita com uma delicadeza especial, para os Kaxinawa, habitantes do Acre, do grupo linguístico pano, a pintura facial de meninos e meninas no ritual de passagem para a puberdade deve ser feita com linhas grossas e imprecisas, por considerarem que estas protegem com mais eficácia o corpo em transformação.

Entre os Kadiwéu, grupo da família linguística mbayá-guaicuru, que vive no Mato Grosso, na fronteira com o Paraguai, a pintura corporal e facial é bastante sofisticada. Seus padrões, pintados ou escarificados, fascinaram o antropólogo Claude Lévi-Strauss em sua viagem pelo Brasil Central, realizada entre 1935 e 1936. No livro *Tristes trópicos* (1955), em que relata sua experiência brasileira, ele escreve: "Seus rostos, às vezes também seus corpos inteiros, são cobertos por um trançado de arabescos assimétricos, que alternam com motivos de sutil geometria".

As mulheres kadiwéu empregam basicamente dois motivos — um, angular e geométrico; outro, curvilíneo —, e conseguem com eles uma variação incrível de composições. Lévi-Strauss anotou que em quatrocentos desenhos recolhidos entre os índios não encontrou dois que fossem semelhantes.

Cada grupo possui um repertório próprio de técnicas e padrões que se encontram estreitamente associados à sua organização social, à sua cosmologia e às relações que o grupo mantém com elementos da natureza, com o mundo sobrenatural e também com seus inimigos. Mais do que um simples ato de decorar ou enfeitar o corpo, a pintura corporal reflete um modo específico de pensar e estar no mundo.

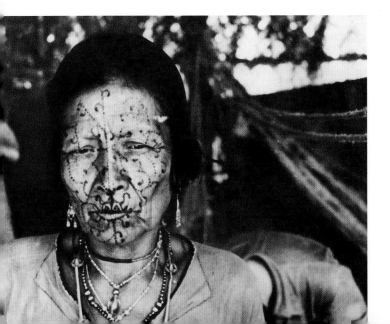

**Mulher kadiwéu com "arabesco simétrico" na face. Segundo Lévi-Strauss, as mais idosas guardavam na memória padrões antigos e bastante elaborados de desenho que as mais moças se empenhavam em aprender.**

# A ARTE PLUMÁRIA

Por *arte plumária* entende-se a confecção de artefatos com penas de aves que, assim como a pintura corporal, também estão vinculados a fins rituais, cerimoniais e mágico-religiosos. Ela pode se apresentar de diferentes maneiras.

Os Tupi, que vivem na floresta tropical, confeccionam trabalhos de penas aplicadas sobre tecidos. O exemplo mais conhecido é o do famoso manto tupinambá do século XVI, feito de penas de guará sobre uma complexa trama de embira e utilizado apenas pelos chefes.

Artefatos feitos com penas pequenas, que se destacam livremente do corpo, tais como colares, brincos, braceletes, diademas, toucas, caudas etc., são realizados com maestria pelos Munduruku, da região do Pará, e pelos Urubu-Kaapor, do Maranhão, que, na confecção de artefatos plumários, utilizam penas e plumas de cerca de quarenta pássaros.

A arte plumária pode ser montada em grandes armações de trançados e varetas, como fazem os grupos macro-jê, do cerrado, que trabalham preferencialmente com penas longas de araras e de aves aquáticas, para criar imponentes cocares e adornos, utilizados em rituais pelos Bororo, Karajá, Tapirapé, Kayapó, entre outros.

**Homem bororo com diadema de penas de araras na cabeça e adornos nas orelhas, nariz e queixo.** Usado por adultos em rituais de nominação de recém-nascido, ritos de iniciação e cerimônias funerárias, o ornamento plumário permite aos Bororo identificar o clã e subclã daquele que o veste.

**Atualmente existem apenas seis mantos tupinambá no mundo, todos em museus da Europa.** O exemplar ao lado foi doado ao rei da Dinamarca por Maurício de Nassau, que governou a colônia holandesa no Recife entre 1637 e 1644, e hoje se encontra no Museu Nacional da Dinamarca.

As plumas e penugens podem também aparecer coladas ao corpo, como acontece entre os Timbira, que vivem em Goiás e no Maranhão. Em suas cerimônias, as penas são fixadas no corpo com uma camada de resina vegetal. Elas revestem geralmente o tronco, os membros superiores quase até os pulsos e os inferiores até abaixo dos joelhos.

Membros de um clã, cujas moradias se localizam em determinada região da aldeia, enfeitam-se com penas de gavião; os moradores da região diametralmente oposta utilizam penas de periquito. Desse modo, a cor e a forma dos adornos variam de acordo com o clã a que pertence seu portador.

Os artefatos plumários — os ornamentos, os colares, os mantos, os cocares — utilizados nos rituais têm um ciclo de vida e, depois de empregados, são na maioria das vezes destruídos ou então deixados para "morrer", pendurados nas vigas da casa cerimonial.

**Punhal bororo feito de tíbia de guaçuti fêmea, resina de almecegueira, fios de algodão e cerol, adornado com penas de arara-vermelha e arara-canindé.**

## O TRANÇADO E A TECELAGEM

As capacidades de *tecer* e *trançar*, fundamentais para a sobrevivência, têm grande importância no cotidiano indígena. As redes de dormir, os *tipitis* (utensílios cilíndricos de palha para extrair o veneno da mandioca brava), os cestos, as esteiras e peneiras, as armadilhas de pesca, as bolsas, os chamados "sacos-cargueiros", as tipoias para levar os filhos no colo e vários adornos de corpo são alguns exemplos do alto grau de elaboração atingido por essas atividades.

A matéria-prima para tramas e trançados varia de acordo com os recursos naturais de cada região. Podem ser utilizados a paina ou o algodão selvagem, ou ainda fibras vegetais obtidas a partir da arumã (ou bananeirinha-do-mato), do coroá, do caraguatá, do buriti, do babaçu e de diversos tipos de cipó, entre outras plantas.

Entre os Wayana, grupo de língua karib habitante do norte do Pará, os homens são os responsáveis pelo fabrico da cestaria, na qual se destaca o "saco-cargueiro" pintado, utilizado pelas mulheres durante os deslocamentos do grupo. Nos intrincados padrões de sua cestaria surgem com frequência figuras de lagartas e cobras, animais recorrentes na mitologia dos Wayana.

Embora a arte de tecer não tenha alcançado, entre os povos indígenas que habitaram entre nós, o nível de inventividade que alcançou em países andinos como a Bolívia, o Equador, o Peru ou a Colômbia, ela também se desenvolveu de maneira significativa nas terras baixas da América do Sul.

A antropóloga Berta Ribeiro identificou pelo menos três tipos de teares, operados em sua grande maioria por mulheres: o tear vertical (também conhecido como *tear amazônico*) ou tipo arawak, o tear de urdume na horizontal e o tear portátil (ou tear em U) — empregados para tecer tanto peças de grande dimensão (redes para pescar ou para dormir) como pequenos adornos (pulseiras, braçadeiras, tornozeleiras, cintos, saias e tangas).

**Cesto cargueiro wayana**, fabricado pelos homens e dado de presente às mulheres, que o utilizam em viagens. Na sua confecção entram fibras de arumã, cipó-imbé, varetas de madeira, fios de coroá e de algodão e pigmentos vegetais. Este motivo decorativo é denominado *kaikui*: alude a uma onça de duas cabeças, e o pequeno quadrado, ao lago onde a onça vem beber água.

Dois exemplos de bonecas karajá: um, em estilo clássico, anterior à década de 1940; outro, figurando a luta de um homem com um jacaré, quando parte da produção cerâmica já estava voltada para o comércio.

## O IPHAN E A NOÇÃO DE PATRIMÔNIO IMATERIAL

A criação de uma política de patrimônio cultural que abrangesse a preservação e a pesquisa dos bens culturais do Brasil já havia sido esboçada pelo escritor Mário de Andrade em 1936, ao defender a valorização das manifestações populares como imprescindível à formação da identidade cultural nacional. Com base nas suas propostas, foi criado, em 1937, o Serviço de Patrimônio Histórico e Artístico Nacional (SPHAN, atual IPHAN) pelo então ministro Gustavo Capanema, apoiado por intelectuais como Mário de Andrade, Manuel Bandeira, Lucio Costa, Afonso Arinos e Carlos Drummond de Andrade, entre outros.

A partir de 2000, com o Programa Nacional do Patrimônio Imaterial/PNPI, o IPHAN passou a desenvolver ações de preservação de bens culturais também de caráter imaterial, que têm por base saberes tradicionais como, por exemplo, as bonequinhas de barro dos Karajá, a arte gráfica dos índios wajãpi, do Amapá, e diversas manifestações musicais como o samba de roda da Bahia, o jongo do Sudeste, o tambor de crioula do Maranhão, além de danças, festas e práticas culinárias.

# A CERÂMICA

Nem todos os povos indígenas do Brasil possuem objetos de cerâmica. Entre os Timbira, por exemplo, não existe nada feito de argila, enquanto outros grupos, como os Asurini ou os Kadiwéu, desenvolveram técnicas e padrões decorativos extremamente elaborados com esse material.

Uma das tradições cerâmicas mais conhecidas é alimentada pelas mulheres karajá, que confeccionam as bonecas chamadas *litxokó* ou *ritxòkò*, originalmente utilizadas como brinquedo, que apresentam a figura humana karajá, com tatuagem e ornamentos. Acredita-se que as bonecas anteriores a 1940 não eram cozidas no fogo, tinham a cabeleira feita com cera e sua pintura era menos acentuada.

Após o contato com os brancos, notando o interesse que despertavam, as bonecas ganharam pintura em tons mais fortes e passaram a ser representadas em grupo, produzidas diretamente para a venda, tornando-se, além de referência cultural, uma importante fonte de renda para as famílias produtoras. Recentemente, as bonecas do povo karajá foram consideradas pelo IPHAN, o Instituto do Patrimônio Histórico e Artístico Nacional, como um *patrimônio imaterial* do Brasil.

No Alto Xingu, os grandes ceramistas são os Waurá, grupo de língua arawak, famosos por seus utensílios de barro dotados de borda larga, decorada com figuras de aves e mamíferos. A parede externa é tratada com uma mistura de urucum e óleo de pequi, sobre a qual são aplicadas tintas vermelha, preta ou branca. O ornitólogo Helmuth Sick chegou a identificar, com a ajuda dos próprios ceramistas, onze tipos de mamíferos e dezessete aves diferentes representadas na cerâmica waurá.

Um dado curioso é que, como as mulheres waurá são exímias ceramistas, muitas delas foram raptadas por grupos rivais, como os Suyá e os Txikão, que não praticavam a cerâmica. O rapto não é um acontecimento incomum no universo indígena e aparece com frequência na mitologia dos povos ameríndios.

As mulheres kadiwéu, da família linguística guaicuru, que vivem atualmente no Mato Grosso do Sul, também são grandes ceramistas. Apesar de todas as transformações por que passaram, os Kadiwéu ainda encontram na produção de peças de cerâmica um modo de afirmação de suas tradições culturais, de sua identidade e memória coletiva, bem como uma fonte de renda importante para sua subsistência.

As anciãs são as responsáveis pela transmissão dos padrões mais antigos e elaborados, enquanto as jovens aprendem desenhos e motivos abstratos que compreendem uma gama vasta de combinações, com predomínio do traço curvilíneo.

**A cerâmica kadiwéu comporta um amplo repertório de formas e motivos. Para as cores, as oleiras empregam barros de diferentes tonalidades e ressaltam certos detalhes com verniz extraído da resina do pau-santo.**

**Abaixo, banco tradicional, em forma de anta, esculpido pelos homens da aldeia mehinako, do Alto Xingu. Os planos claramente definidos, a ausência de detalhes supérfluos e uma síntese formal bastante elaborada aproximam esta peça, em certos aspectos, dos valores plásticos da escultura moderna.**

**Máscara de madeira e fibras vegetais dos Yawalapiti, do Alto Xingu, no Mato Grosso. De modo geral, as máscaras xinguanas só adquirem eficácia ritual depois de pintadas.**

# O TRABALHO EM MADEIRA

Como resultado dos séculos de convivência com os recursos da floresta, as sociedades indígenas adquiriram grande habilidade no trabalho com a madeira, produzindo um amplo leque de objetos necessários à sua sobrevivência — vigas e esteios para a construção de ocas, canoas escavadas num único tronco, remos, bancos das mais variadas formas, tacapes, zunidores, arcos e flechas, pás de mandioca, raladores, cetros, além de brinquedos, máscaras e instrumentos rituais.

Tal como ocorre com as produções da arte plumária, da cerâmica e da pintura corporal, também os trabalhos em madeira estão imbuídos dos valores simbólicos próprios de cada grupo e refletem a sua história e o seu grau de adaptação ao meio natural.

As flechas, por exemplo, podem ter muitas formas, funções, tipos de ponta e de emplumação. Para a caça de animais de grande porte — como antas, veados, porcos-do-mato, onças —, são utilizadas flechas de ponta de bambu com corte bem afiado. Para a caça menor, pontas de madeira ou de osso. Para a pesca, pontas em forma de gancho, com ou sem emplumação. Já as flechas para matar passarinho costumam ter a ponta arredondada para não estragar a plumagem.

Entre os grupos do Alto Xingu, a variedade de bancos zoomorfos, isto é, com formas de animais, utilizados originalmente como assento ritual, atingiu um grau de inventividade e qualidade de execução tão alto que talvez fosse o caso de se referir a eles como "esculturas indígenas". Hoje são conhecidos — e tornaram-se objetos procurados por colecionadores, com alto valor de mercado — a banqueta talhada bakairi, a banqueta trumai com urubu de duas cabeças, o banco de jaburu e a banqueta jaguar mehinako, a banqueta macaco nauquá, entre outros.

## AS MÁSCARAS

A máscara é outro elemento do universo cultural indígena que se destaca por uma criatividade excepcional e a multiplicidade de sentidos a que está associada.

Elas são empregadas exclusivamente por homens em cerimônias rituais, com o intuito de manifestar a presença de antepassados, espíritos e heróis culturais, imprimindo no corpo do seu portador uma expressividade dramática e performática que dá visibilidade às forças benignas ou malignas do cosmos.

Elas podem ser feitas de diferentes materiais. Os Timbira, Xerente, Karajá, Tapirapé, Canela e grupos alto-xinguanos que vivem no Planalto Central, região de cerrado, trabalham com a palha e vários tipos de trançados. Já os Tikuna, que vivem no Alto Solimões, fabricam suas máscaras cerimoniais com *entrecasca*, a camada interna da casca da árvore que, após o manuseio, adquire um caráter flexível, quase como um tecido, e que pode ser combinada com um suporte de madeira.

Muitas vezes as máscaras são grandes o bastante para tornarem-se vestimentas que, ornamentadas com motivos simbólicos, cobrem de cima a baixo o corpo do participante. Outros elementos rituais associados às máscaras são, por exemplo, os *escudos* fabricados pelos Tikuna e empregados em suas festas, nas quais representam "guardas" ou "acompanhantes" do mundo sobrenatural.

### A MÚSICA E OS INSTRUMENTOS MUSICAIS

A música — seja feita apenas com a voz, com instrumentos, seja com ambos — é parte integral da vida indígena e tem papel fundamental em festas e rituais. Associada a outros elementos como a dança, o fumo e a ingestão de determinados alimentos e bebidas, ela pode dar acesso ao mundo do sagrado, que os xamãs visitam com frequência para solicitar proteção, conhecer o futuro ou afastar maus espíritos causadores de desgraças e doenças.

Entre os instrumentos mais utilizados pelos índios da América do Sul destacam-se os chocalhos ou maracás, o "pau de chuva" e vários tipos de instrumentos de sopro, feitos de madeira, taquara ou osso.

O canto indígena, que em determinadas cerimônias pode se prolongar por muitas horas, é um transmissor das tradições e da memória coletiva da comunidade.

Em sua viagem pela Amazônia, o naturalista Alexandre Rodrigues Ferreira (1756-1815) coletou objetos indígenas, entre os quais se encontra esta máscara jurupixuna (ao lado), de entrecasca pintada, na qual se percebe a armação interior de fibras vegetais.

Com figuras abstratas ou de animais, os escudos tikuna (abaixo) são empunhados nas festas com movimentos giratórios, à maneira de uma dança.

# A ALDEIA E A MALOCA

A aldeia reflete a concepção de espaço e a organização social de um grupo indígena. Por isso, sua forma e disposição estão estreitamente associadas a sua visão de mundo. Ao contrário das cidades modernas, que se estruturam pelo cruzamento de linhas retas, a maioria das aldeias indígenas tende a ter formato oval ou circular, com uma área central livre em torno da qual se dispõem as malocas. Estas são construídas com madeira, para os esteios e os travessões; folhas de palmeira, para a cobertura; e tiras de embira para a amarração.

Ao contrário das nossas, a casa indígena (*oca* ou *maloca*) não possui paredes divisórias internas, mas apenas esteios e jiraus (armações de madeira), nos quais se penduram redes, objetos e alimentos. Ela configura um espaço doméstico eminentemente feminino, em contraposição à área central da aldeia, que é entendida como espaço predominantemente masculino, destinado às reuniões dos homens e à vida ritual.

Além das malocas e do pátio central, o espaço de uma aldeia indígena compreende ainda a roça de plantio, em geral vinculada às mulheres; a floresta, de onde os homens extraem o alimento por meio da caça; e os caminhos que interligam esses espaços.

**Usando troncos de árvore como colunas, varas de madeira como armação e folhas de palmeira para a cobertura, as malocas indígenas dão prova de grande capacidade para lidar com os materiais da floresta. Aqui, uma maloca do Xingu com cerca de 25 m de comprimento, 10 m de largura e 7 m de altura.**

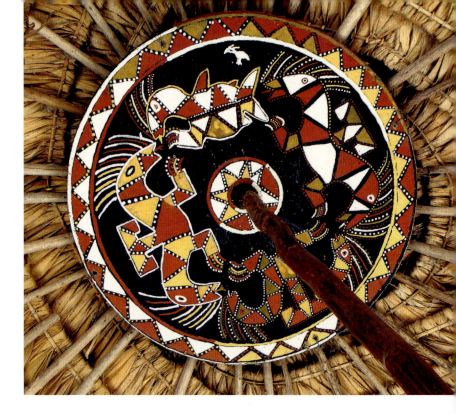

Ao lado, a maruana ou roda de teto, um disco de madeira pintado com motivos míticos que é colocado no alto das casas wayana-apalai, com figura de lagarta sobrenatural a que se atribui o poder de virar canoas e devorar os tripulantes. O mesmo motivo aparece na cerâmica, cestaria, pintura corporal e adornos wayana.

Se o modo de construir as malocas não varia tanto de grupo para grupo, o que se altera significativamente, de caso para caso, é o modo de ocupar e perceber o espaço.

Os Yanomami, no estado de Roraima, vivem em grandes malocas que abrigam toda a comunidade. Já entre os Tukano, do Alto Uapés, cada maloca corresponde a um clã, ou seja, a um grupo de homens e mulheres aparentados. Por sua vez as malocas dos Wajãpi, do norte do Amapá, e dos Timbira, que habitam atualmente o Maranhão e Goiás, reúnem somente de uma a três famílias.

Alguns grupos, como os Wayana, que vivem no Parque Indígena de Tumucumaque, no Pará, constroem no centro da aldeia uma casa circular chamada *tukussipan*, que pode abrigar viajantes, servir como local de reunião para os homens e também como lugar de celebração. Em geral ela apresenta em seu interior uma "roda de teto", a *maruana*, feita de madeira e pintada com motivos zoomorfos de lagartas, aves e batráquios, de grande beleza visual.

## CONCLUSÃO

Quando analisamos diferentes culturas e suas características, é importante ter em mente o fato de que as culturas são dinâmicas e estão em constante transformação.
    Assim como os índios incorporaram elementos dos povos que os precederam na ocupação do território (como o uso do urucum e do jenipapo para pintar, certos padrões geométricos gravados nas pedras, práticas de caça e pesca etc.), também uma boa parte do saber indígena está presente no que chamamos de "cultura popular brasileira", tanto no litoral como no interior do país.

Esta foto, tirada por Lévi-Strauss em 1955, mostra uma menina tupi-kawahib usando um colar feito com cartuchos que datam, possivelmente, da expedição militar que fez os primeiros contatos com os Tupi-Kawahib em 1915. De maneira poderosa, esta imagem nos lembra que artefatos produzidos num contexto podem adquirir sentidos inteiramente distintos quando inseridos em outro quadro cultural.

A arte da cestaria, o uso da rede para dormir ou descansar, a farinha de mandioca, as canoas caiçaras, as técnicas de pesca, caça e plantio, o banho, os enfeites corporais e uma infinidade de outras práticas e costumes são alguns aspectos da cultura material indígena que se enraizaram profundamente entre populações ribeirinhas, caiçaras e caboclas ao longo dos séculos de colonização portuguesa.

Num outro polo — o da cultura dita erudita — os índios também marcam presença no Brasil. Após terem sido descritos pelos viajantes dos séculos XVI, XVII e XVIII ora como bárbaros e hostis, ora como aliados no processo da colonização, a partir do Romantismo a figura do índio tornou-se um tema recorrente na cultura nacional, tratado, na maioria das vezes, de maneira fortemente idealizada.

Esse processo de troca entre culturas, que implica a circulação, a assimilação, o empréstimo e a reinvenção de valores a partir do contato de uma cultura com outra, é bastante complexo e se dá em muitos níveis. No caso das trocas entre as sociedades indígenas que vivem no território brasileiro e a sociedade ocidental que se instalou a partir da conquista europeia, ele se confunde com a própria história do nosso país.

Desde as últimas décadas do século XX, muitas comunidades indígenas têm se mobilizado para apresentar ao mundo a sua própria visão das coisas e de si mesmas. Seja tomando parte na política nacional, seja montando os próprios museus ou ainda escrevendo livros, gravando seus cantos e produzindo filmes a partir de seus próprios pontos de vista, essas comunidades têm afirmado sua diferença com relação aos padrões dominantes de cultura e insistido na defesa das linguagens e tradições indígenas autóctones.

A seguir você encontrará uma lista de museus e instituições que mantêm acervos importantes sobre os povos que habitaram o território brasileiro antes da chegada de Colombo à América e também sobre os diferentes grupos indígenas do Brasil.

# OS MUSEUS INDÍGENAS

Os museus indígenas nasceram como espaço de interlocução cultural e preservação do patrimônio material e imaterial dos povos autóctones. O primeiro museu indígena do Brasil foi o Museu Magüta <www.museumaguta.com.br/blog>, criado em 1991 na cidade de Benjamin Constant, no Amazonas, que conta com um rico acervo de peças e manifestações artísticas do povo ticuna.

Projetado e dirigido pelos líderes do Conselho Geral da Tribo Ticuna, o museu recebeu em 1996 o prêmio do International Commitee on Museums (Comitê Internacional de Museus — ICOM) e, em 2008, o Prêmio Chico Mendes do Ministério do Meio Ambiente.

Depois dessa experiência pioneira, outros museus indígenas foram criados no Brasil: o Museu do Kanindé (1995), em Aratuba, no Ceará, sob a responsabilidade do Cacique Sotero; o Museu Kuahí (1998), dos Povos Indígenas do Oiapoque, no Amapá, que reúne acervos dos grupos caripuna, palikur, galibi-marworno e galibi-kalinã; e o Museu dos Povos Indígenas Yny Heto (2008), organizado pelos índios karajá e javaé, na ilha do Bananal, no Tocantins.

Além de serem um testemunho da riqueza, complexidade e diversidade da vida dos povos nativos do Brasil, esses museus cumprem um papel importante na criação de pontes entre as comunidades indígenas, o Estado e a sociedade, contribuindo de forma significativa para o reconhecimento das diferenças culturais e a ampliação de nossa percepção do mundo.

Os rios desempenham papel fundamental na vida das aldeias indígenas. Ao lado, acima, exemplos de remos de madeira colhidos no norte do país, com diferentes soluções no tocante à forma e à ornamentação.

O uso do tabaco em cerimônias e rituais de xamanismo integra a cultura dos povos amazônicos desde tempos bastante remotos. Ao lado, distintos modelos de cachimbos de cerâmica, três deles com figuras de aves.

# GRANDES COLEÇÕES ETNOGRÁFICAS

**MUSEU NACIONAL QUINTA DA BOA VISTA/UFRJ (RIO DE JANEIRO)**
A mais antiga instituição de pesquisa do Brasil, o Museu Nacional surgiu em 1808, por iniciativa de d. João VI, e reúne o maior acervo arqueológico do país. <www.museunacional.ufrj.br>

**MUSEU PARAENSE EMÍLIO GOELDI**
Inaugurado em 1866 e reinaugurado em 1891, durante o "boom da borracha", o Museu Paraense Emílio Goeldi destaca-se pelos trabalhos arqueológicos pioneiros em Marajó, Amapá, Tocantins e Pará. Reúne coleções importantes de botânica, zoologia, etnografia e conhecimentos linguísticos da Amazônia. <www.museu-goeldi.br>

**OUTROS MUSEUS, FUNDAÇÕES E INSTITUIÇÕES**
Fundação Bernardo Feitosa (CE)
    <www.fbfeitosa.org>
Fundação Museu do Homem Americano, FUMDHAM (PI)
    <www.fumdham.org.br>
Fundação Seridó (RN)
    <www.ufpe.br/ppgarqueologia>
Museu Arqueológico de Sambaqui de Joinville, MASJ (SC)
    <www.facebook.com/MuseuSambaqui>
Museu de Arqueologia e Etnologia da USP (SP)
    <www.mae.usp.br>
Museu de Arqueologia e Etnologia Professor Oswaldo Rodrigues Cabral — USFC (SC)
    <www.museu.ufsc.br>
Museu do Estado de Pernambuco (PE)
    <www.cultura.pe.gov.br/museu.html>
Museu do Homem do Nordeste (PE)
    <www.fundaj.gov.br>
Museu do Índio (RJ)
    <www.museudoindio.gov.br>
Museu Histórico e Antropológico do Ceará (CE)
    <www.secult.ce.gov.br/museu>
Museu Índia Vanuíre. Museu Histórico e Pedagógico (Tupã – SP)
    <www.museuindiavanuire.org.br>
Museu Paranaense (PR)
    <www.museuparanaense.pr.gov.br>
Museu Paulista — USP (SP)
    <www.mp.usp.br>

## SOBRE OS AUTORES

Formada em filosofia e história social na USP, com pós-doutorados no Departamento de Antropologia da UNICAMP e no Departamento de Arqueologia do Museu de Arqueologia e Etnologia da USP, GLÓRIA KOK nasceu em São Paulo, em 1959. Autora de vários livros sobre história e cultura brasileira, dedica-se a lecionar, escrever e pesquisar.

Escritor e artista plástico, ALBERTO MARTINS nasceu em Santos, São Paulo, em 1958. Formado em letras e artes visuais pela USP, é autor de vários livros para adultos e para crianças, entre eles *A floresta e o estrangeiro* (2000); *A história dos ossos* (2005); *Em trânsito* (2010) e *Lívia e o cemitério africano* (2013), que recebeu o prêmio APCA de Melhor Romance do Ano.

# CRÉDITO DAS IMAGENS

*Todos os esforços foram feitos para determinar a origem das imagens deste livro. Nem sempre isso foi possível. Teremos prazer em creditar as fontes, caso se manifestem.*

## IMAGENS

p. 8, 35 (à direita), 41, 47 (à direita), 71 e 75: Acervo do Museu Paraense Emílio Goeldi. Foto de Romulo Fialdini. Reprodução de Renato Parada

pp. 10, 14, 22, 24, 25, 26, 27, 28 (acima), 34: Cesar Barreto

p. 11: Museu do Estado de Pernambuco. Foto de Cesar Barreto

p. 16: Ismar Ingber/ Pulsar Imagens

p. 28 (abaixo): E. G. Bevenuto/ Bevenuto Photography

pp. 29, 32 (abaixo e à esquerda): Pedro Ignacio Schmitz

p. 30: Paulo Alvarenga Junqueira

p. 32 (abaixo e à direita): Maurílio Craveiro da Costa

p. 35 (acima e à esquerda): Foto de Edithe Pereira. Reprodução de Renato Parada

p. 35 (abaixo e à esquerda): Edson Cavalari

p. 37: Museu Arqueológico do Sambaqui de Joinville. Foto de Cesar Barreto

p. 38 (acima): Museu Nacional da UFRJ. Foto de Cesar Barreto

p. 38 (abaixo): Acervo do Museu de Arqueologia e Etnologia Professor Oswaldo Rodrigues Cabral — UFSC

pp. 39, 40, 45 (acima), 47 (à esquerda), 70 e 74 (acima): Museu de Arqueologia e Etnologia da Universidade de São Paulo

p. 44 : Acervo do Museu Paraense Emílio Goeldi.

p. 45 (abaixo), 46, 49 e 50: Acervo do Museu Paraense Emílio Goeldi. Foto de Cesar Barreto

p. 51: Diego Lourenço Gurgel

p. 54: Museu Paulista da Universidade de São Paulo

p. 55: Acervo do Museu de Arqueologia e Etnologia da UFPR

p. 58: Museu e Laboratório Zoológico e Antropológico da Universidade de Lisboa (Museu Bocage)

p. 61: Isabelle Vidal Giannini

pp. 63, 64, 65 e 66: Lux Vidal

pp. 67 e 68: Photo Claude Lévi-Strauss/Museé du quai Branly, 2013. © Photo SCALA, Florence

p. 69: Nationalmuseet, Dinamarca

p. 72: Acervo do Museu Paraense Emílio Goeldi. Reprodução de Renato Parada

p. 74 (abaixo): Foto de Rogério Assis, *Bancos indígenas do Brasil*, Bei Editora

p. 76 (acima e à direita) e 83: Acervo da Fundação Biblioteca Nacional — Brasil

p. 77 (acima): Museu da Ciência da Universidade de Coimbra

p. 77 (abaixo): Jussara G. Gruber

p. 78: Maureen Bisilliat/ Acervo Instituto Moreira Salles

p. 79: Iori Linke

p. 80: Claude Lévi-Strauss

## MAPAS

pp. 18 e 19: baseado no mapa sobre as rotas de ocupação da América do site ‹www.unbamericaindigena.blogspot.com.br/2011_09_01_archive.html›. Acesso em: 10 maio 2014.

pp. 42 e 43: baseado no mapa de L. F. Martini. "A Amazônia antes dos europeus". *National Geographic*. São Paulo: Editora Abril, maio 2010, pp. 38-9.

p. 53: mapa do sítio arqueológico Kuhikugu, desenhado por Michael Heckenberger. HECKENBERGER, Michael. "O enigma das grandes cidades. Corpo privado e Estado na Amazônia". In: NOVAES, Adauto. *A outra margem do Ocidente*. São Paulo: Companhia das Letras, 1999, p. 141.

p. 62: mapa "Principais etnias citadas", baseado no mapa de Manuela Carneiro da Cunha. CARNEIRO DA CUNHA, Manuela (org.). *História dos índios no Brasil*. São Paulo: Fapesp/ Companhia das Letras, 1992, pp. 6 e 7.

# BIBLIOGRAFIA

*Antes. Histórias da Pré-História*. Rio de Janeiro: Centro Cultural Banco do Brasil, 2005.

*Arqueologia*. São Paulo: Fundação Bienal de São Paulo, 2000.

ANGELO, Claudio. "Povos antigos não fizeram aterros no Pará, diz grupo". São Paulo, *Folha de S.Paulo*, 19/10/2009.

BARCELOS NETO, Aristóteles. *A arte dos sonhos. Uma iconografia ameríndia*. Prefácio de Elsje Maria Lagrou. Lisboa: Museu Nacional de Etnologia/Assírio & Alvim, 2002.

BARRETO, Cristiana. "Arte e arqueologia na Amazônia antiga". Working Paper Number CBS-66-05. Center for Brazilian Studies, University of Oxford, pp. 1-26.

BERGER, John. *Ways of Seeing*. London: Penguin Books, 1972.

CARNEIRO DA CUNHA, Manuela (org.). *História dos índios no Brasil*. São Paulo: Fapesp/Companhia das Letras, 1992.

CASTRO, Eduardo Viveiros de. *A inconstância da alma selvagem e outros ensaios de antropologia*. São Paulo: Cosac & Naify, 2002.

*Catálogo da exposição Pinturas e gravuras pré-históricas de São Raimundo Nonato, Estado do Piauí*. Missão Arqueológica Franco-Brasileira, fevereiro-agosto de 1978.

COELHO, Vera Penteado (org.). *Karl von den Steinen: Um século de antropologia no Xingu*. São Paulo: Edusp, 1993.

DORTA, Sonia Ferraro; CURY, Marília Xavier. *A plumária indígena brasileira no Museu de Arqueologia e Etnologia da USP*. 2ª ed. São Paulo: Edusp/MAE/Imprensa Oficial do Estado de São Paulo, 2000.

FAUSTO, Carlos. *Os índios antes do Brasil*. Rio de Janeiro: Jorge Zahar Editor, 2000.

———. "Fragmentos de História e Cultura Tupinambá. Da etnologia como instrumento crítico de conhecimento etno-histórico". In: CARNEIRO DA CUNHA, Manuela (org.): *História dos índios no Brasil*. São Paulo: Fapesp/Companhia das Letras, 1992.

FOLHA DE S.PAULO. "O país sem pré-história". Caderno *Mais!* São Paulo, 19/03/2000.

FREIRE, José Ribamar Bessa. "Crônica sobre os museus indígenas. Creio em Tupã". Disponível em: <www.taquiprati.com.br/cronica>. Acesso em: 20 maio 2012.

GALLOIS, Dominique. "A casa Waiãpi". In: NOVAES, Sylvia Caiuby (org.). *Habitações indígenas*. São Paulo: Nobel/ Edusp, 1983.

GASPAR, Madu. *Sambaqui: arqueologia do litoral brasileiro*. Rio de Janeiro: Jorge Zahar Editor, 2000.

GOMES, Alexandre Oliveira; VIEIRA NETO, João Paulo. *Museus e memória indígena no Ceará. Uma proposta em construção*. Fortaleza: Secult, 2009.

GOMES, Denise Maria Cavalcante. *Cerâmica arqueológica da Amazônia: vasilhas da Coleção Tapajônica MAE-USP*. São Paulo: Edusp/Fapesp/Imprensa Oficial do Estado, 2002.

GRUPIONI, Luís Donisete Benzi (org.). *Índios no Brasil*. São Paulo: Secretaria Municipal da Cultura, 1992.

GUIDON, Nião. "As ocupações pré-históricas do Brasil (excetuando a Amazônia)". In: CARNEIRO DA CUNHA, Manuela (org.). *História dos índios no Brasil*. São Paulo: Companhia das Letras/Fapesp, 1992, pp. 37-52.

HECKENBERGER, Michael. "Estrutura, história e transformação: a cultura xinguana na *longue durée*, 1000-2000 d.C.". Tradução de Ana Paulo Ratto de Lima. In: FRANCHETTO, Bruna; HECKENBERGER, Michael. *Os povos do Alto Xingu. História e cultura*. Rio de Janeiro: Editora UFRJ, 2001.

———. "O enigma das grandes cidades. Corpo privado e Estado na Amazônia". Tradução de Henrique W. Leão. In: NOVAES, Adauto. *A outra margem do Ocidente*. São Paulo: Companhia das Letras, 1999, pp. 125-52.

HEMMING, John. "Os Índios no Brasil em 1500". In: BETHELL, Leslie. *América Latina colonial*, vol. 1. Tradução de Maria Clara Cescato. São Paulo: Edusp; Brasília: Fundação Alexandre Gusmão, 1977.

*Herança: a expressão visual do brasileiro antes da influência do europeu*: um projeto cultural de Empresas Dow, Brasil. Planejamento, coordenação e textos de José Rolim Valença; concepção, produção, diagramação e fotografias de Bruno Furrer. São Paulo: Empresas Dow, 1984.

KOK, Glória. *Os vivos e os mortos na América portuguesa: da antropofagia à água do batismo*. Campinas: Editora da Unicamp/Fapesp, 2001.

LADEIRA, Maria Elisa. "Uma aldeia Timbira". In: NOVAES, Sylvia Caiuby (org.). *Habitações indígenas*. São Paulo: Nobel/ Edusp, 1983.

LAGROU, Els. *Arte indígena no Brasil: agência, alteridade e relação*. Belo Horizonte: Editora C/Arte, 2009.

LEITE, Marcelo. "A falha arqueológica do Brasil". *Folha de S.Paulo. Mais!* São Paulo, 19/03/2000, pp. 4-12.

LÉVI-STRAUSS, Claude. *Tristes trópicos*. Tradução de Rosa Freire D'Aguiar. 10ª reimpressão. São Paulo: Companhia das Letras, 1996.

LOPES DA SILVA, Aracy. "Xavante: casa — aldeia — chão — terra — vida". In: NOVAES, Sylvia Caiuby (org.). *Habitações indígenas*. São Paulo: Nobel/Edusp, 1983.

LOPES, Reinaldo José. "Luzia teve 'irmãos' dizimados no século 16". *Folha de S.Paulo*. São Paulo, quinta-feira, 04/07/2003, p. A 15.

MARTIN, Gabriela. *Pré-História do Nordeste do Brasil*. 3ª edição atualizada. Recife: Editora Universitária UFPE, 1999.

MELATTI, Julio Cezar. *Índios do Brasil*. São Paulo: Edusp, 2007.

MENESES, Ulpiano Bezerra de. "A arte no período pré-colonial". In: ZANINI, Walter. *História geral da arte no Brasil*, vol. 1. São Paulo: Instituto Walther Moreira Salles, 1983.

MÜLLER, Regina Polo. *Os Asuriní do Xingu. História e arte*. 2ª edição. Campinas: Editora da Unicamp, 1993.

NEVES, Eduardo Góes. "Algumas ideias sobre migrações e expansões". Texto feito para o Museu do Imigrante.

——. "Amazônia ano 1000". *National Geographic*, maio 2010.

——. *Arqueologia da Amazônia*. Rio de Janeiro: Jorge Zahar Editor, 2006.

NOVAES, Sylvia Caiuby (org.). *Habitações indígenas*. São Paulo: Nobel e Edusp, 1983.

——. "As casas na organização social do espaço Bororo". In: NOVAES, Sylvia Caiuby (org.). *Habitações Indígenas*. São Paulo: Nobel/Edusp, 1983.

O ESTADO DE S. PAULO. "Brasileiros descobrem em MG a mais antiga gravura rupestre das Américas". São Paulo, 22/02/2012, p. A16.

*O Museu Paraense Emílio Goeldi*. São Paulo: Banco Safra, 1986.

PEREIRA, Edithe. *Arte rupestre na Amazônia-Pará*. Belém: Museu Paraense Emílio Goeldi; São Paulo: Unesp, 2001.

PESSIS, Anne-Marie. *Imagens da pré-história. Images de la préhistoire. Images from pre-history*. FUNDHAM/Petrobras, 2003.

PIVETTA, Marcos. "Como os nossos pais". *Pesquisa Fapesp* 182, abril 2011, pp. 21-23.

——. "A dieta de Luzio". *Pesquisa Fapesp* 188, outubro 2011, pp. 44-7.

RIBEIRO, Berta. *Arte indígena, linguagem visual*. Belo Horizonte: Ed. Itatiaia; São Paulo: Edusp, 1989.

——. *Dicionário do artesanato indígena*. Belo Horizonte: Itatiaia; São Paulo: Edusp, 1988.

——. "As artes da vida do indígena brasileiro". In: GRUPIONI, Luís Doniseti Benzi (org.). *Índios no Brasil*. São Paulo: Secretaria Municipal da Cultura de São Paulo, 1992.

RIBEIRO, Darcy. "Arte índia". In: ZANINI, Walter. *História geral da Arte no Brasil*, vol. 1. São Paulo: Instituto Walther Moreira Salles, 1983.

——. *Os índios e a civilização. A integração das populações indígenas no Brasil moderno*. 5ª reimpressão. São Paulo: Companhia das Letras, 1996.

ROOSEVELT, Anna Curtenius. "Arqueologia Amazônica". Tradução de John Manuel Monteiro. In: CARNEIRO DA CUNHA, Manoela (org.). *História dos índios no Brasil*. São Paulo: Fapesp/Companhia das Letras, 1992.

SÁ, Cristina. "Observações sobre a habitação em três grupos indígenas brasileiros". In: NOVAES, Sylvia Caiuby (org.). *Habitações indígenas*. São Paulo: Nobel/ Edusp, 1983.

SCHAAN, Denise Pahl. "Geoglifos do Acre". Publicação do Governo do Acre e Biblioteca da Floresta Marina Silva, s/d. Acesso em: maio 2012.

SILVA, Aracy Lopes da; GRUPIONI, Luís Donisete Benzi (orgs.). *A temática indígena na escola. Novos subsídios para professores de 1º e 2º graus*. 4ª ed. São Paulo: MEC/MARI/UNESCO, 2004.

SILVA, Fabíola Andréa; GORDON, Cesar (orgs.). *Xikrin: uma coleção etnográfica*. Fotografias Wagner Souza e Silva. São Paulo: Edusp, 2011.

SILVEIRA, Evanildo da. "Pesquisas fazem recuar data da chegada do homem às Américas". *O Estado de S. Paulo*, 28/12/2003, p. A19.

——. "Brasil perde pistas de seu passado pré-histórico". *O Estado de S. Paulo*, 28/09/2003, p. A18.

SIQUEIRA JR., Jaime Garcia. *Arte e técnica Kadiwéu*. São Paulo: Secretaria Municipal de Cultura, s/d.

VAN VELTHEM, Lucia Hussak. "Onde os Wayana penduram suas redes?". In: NOVAES, Sylvia Caiuby (org.). *Habitações indígenas*. São Paulo: Nobel/ Edusp, 1983.

——. *O Belo é a Fera. A estética da produção e da predação entre os Wayana*. Lisboa: Museu Nacional de Etnologia/Assírio & Alvim, 2003.

VIDAL, Lux (Org.). *Grafismo indígena: estudos de antropologia estética*. São Paulo: Nobel/Edusp/Fapesp, 1992.

——. "A pintura corporal e a arte gráfica entre os Kayapó-Xikrin do Cateté". In: VIDAL, Lux (org.). *Grafismo indígena: estudos de antropologia estética*. São Paulo: Studio Nobel/ Edusp/Fapesp, 1992.

——. "Museus dos Povos Indígenas do Oiapoque — Kuahi". Texto disponibilizado no site do Iepé: <www.institutoiepé.org.br>. Acesso em: abril 2012.

ZANINI, Walter. *História geral da arte no Brasil*, vol. 1. São Paulo: Instituto Walther Moreira Salles, 1983.